U0023299

散 ↗ 步 ⇓ 學

（黃宇軒）

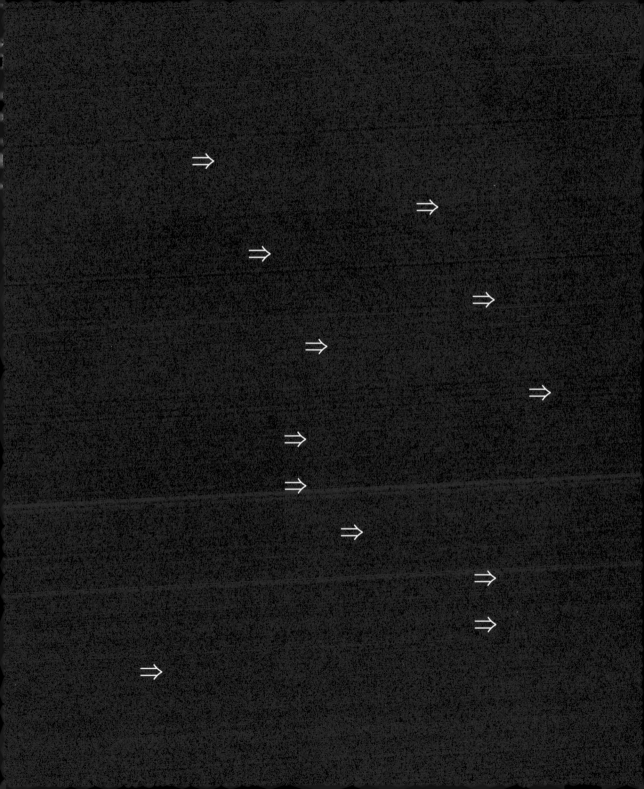

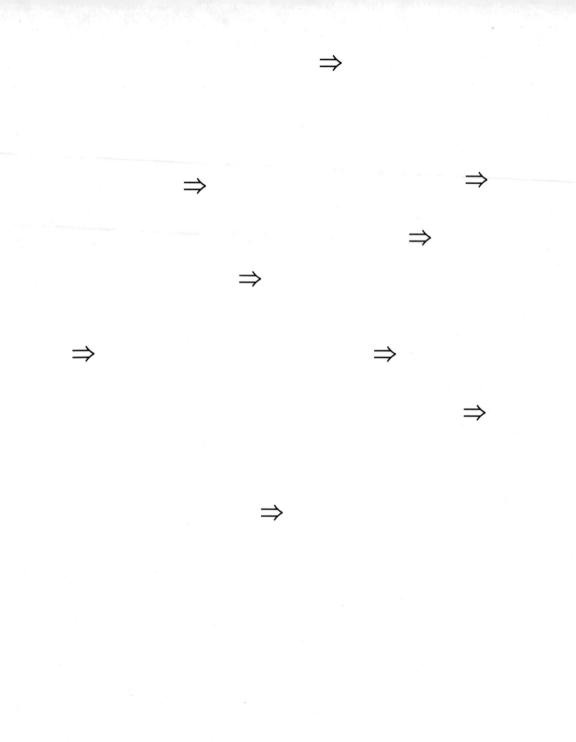

城市研究學者黃宇軒的作品《香港散步學》，書本中所收錄的，是生於斯長於斯的他，回溯多年以來在香港的散步記憶，蒐集他穿梭在不同空間的路線痕跡，加上細微的城市觀察，集結成書。

認識他，是從「懷疑人生就去散步」的影片系列開始，靜止看風景的人，自己也成了風景。散步達人如黃宇軒，讓不少讀者及觀眾重新學行，認識又熟悉又陌生的社區。散步途上，路線或會與人生的軌跡交疊，每一步俯拾皆是回憶、思考及察微。

林曉敏
@ 香港遺美

散步是城市漫遊者的日常，自由且漫無目的，沒有既定終點，隨心起步，隨意停步。徐緩漫步這個紛雜的城市，即使是一處休憩公園、一個公共屋邨、一道山林幽徑，都能透過雙腳切入不同的日常紋理，像尼采寫的「腳趾頭都豎起來傾聽」。走路的速度，能夠讓我們與身處的環境產生更親密的連結，那些在匆忙生活中被遺忘忽略的人事物，也在緩緩的行進之間重新浮現。目光所及的物事，讓意識流動，思緒翻飛。

時間改變了步行的習慣，記得《地方的體驗》（The Experience of Place）一書提及，在二十世紀初，城鎮社區的規模是以步行為尺度，人們對生活各方面的理解，都是從步行開始。小孩子透過腳步去經過社區街道，從往學校上課的路上，從探望親友的路上，從往圖書館和社區中心的路上⋯⋯透過步行認識這個世界。直到下半世紀近郊化的發展，加上市中心高樓大廈愈來愈多，人類對社會的認識不只限於腳步，或是坐在車上疾駛而過，或是在電梯中垂直的移動，或是在電視熒幕上，甚或在網絡世界，才是認識世界的途徑。如今，散步卻讓我們復歸自然，簡樸地重拾對地方的認知。

說起一步一步地認識世界的，不少人會想起日本江戶時代的地圖測繪家伊能忠敬，這位步行界的經典人物。他十次外出考察，徒步行走超過四千萬步，以自己的腳步幅度為基準，測量日本的海岸線，

繪製出日本第一張全國地圖。出身商人世家，從商半生，中年時毅然放棄一切從新出發，學習天文觀測和測量，不斷以腳步旅遊整個日本，曠日耗時，花費十七年製作精巧的《大日本沿海輿地全圖》。對大千世界的好奇心，對精確度的孜孜以求，讓他一直行下去，以散步完成作品。

黃宇軒的散步並不純粹，也非漫不經心，他一邊行走一邊尋找可以寫作的題材，可說是步線行針，以十條散步路線，編織出城市的肌理。當中不乏傳統或自然生成的城市設計，仍能夠在現代帶來新鮮的感動。

願各位路人都能在扉頁之間，眼睛遊移我城，與他一起同行。在細膩的筆觸中享受散步的箇中雅趣，重新感受層層摺疊的城市空間，以及埋藏其中的城市驚喜。

鹽叔
@ 好青年荼毒室

對香港人來說，城市太冰冷了，沒有溫度。

我們日復日、年復年地遊走在城市之中，每天走過同樣的路線，經過同樣的地方，坐著同樣的巴士，遇著同樣的人。但這些東西，對你來說又是些什麼？可能只是每天上班、回家時的必經之路？如果可以的話，我們會不會選擇使用隨意門，直接去到目的地，不用再經過城市其他地方？

我們常常會以「功能」來理解身邊城市中的一切：車站是用來乘車的、商場是用來購物的、郵局是用來寄信的。每一個地點，彷彿都有著既定功能，我們只是透過這些地點來做到這些功能。如果有更好方法去做到以上功能，這些地點也就不再重要，可以把它們摒棄在城市之外了。

在這理解下，人與城市、人與市鎮、人與地方的關係，就只是功能上的關係。不同地方有著不同功能，這本身沒錯；但人與地方是不是就只可以有這種關係？

我們去旅行時，往往就不著重地方的功能。每次去新地方遊歷，我總愛用腳一步一步地走遍整個景點。不同建築、不同自然景觀，對我這個旅人來說都有著不同的可觀之處。車站除了用來乘車，本身也值得欣賞。甚至小如一個垃圾桶、一盞紅綠燈，只要我們打開雙眼，也有很多可堪細味的地方。有時在一個地方住得久了，你反而不會抬頭看看身邊的事物，發現它們其實很有特色、很美；我們以實用的生活態度來過活，這些就只成了我們完全目標的必經之路。旅行中的散步，反而讓我們放慢了生活的速度，用不一樣的目光來看身邊的事物。

如果旅行可以來一場這樣的散步，為什麼在自己的城市就不可以？很多人不知道，其實我十分喜愛在香港長距離地散步。只有大概的方向，由城市一邊走到另一邊，因為不為實用，你的眼光像突然擴

閣了，看到很多平常不會留意到的事物。可能是一條公共屋邨的特別建築設計，可能是一個地方的小小歷史故事，可能是一個社區中人與人的特別互動，不一而足。也有可能只是某一瞬間，簡簡單單地突然感到某條天橋很美，但這樣一個很小的感動，已經令人和城市的關係不再一樣。

我們和城市之間不再只有功能上的關係，城市裡的事物對我們來說有了不一樣的意義。甚至當某些舊事舊物舊建築不再能滿足原本的功能時，我們也會反思，它們是不是就變得全無價值？散步中的視覺，可能打開了我們看事物的另一角度，讓我們看到事物的其他可能、別的意義。

外出走走吧！香港是我們成長的地方，一早已是我們生命的一部分，但你又花過多少心神去看看香港的肌理？累的時候，就在自己住的社區散步，你會看到之前沒看過的一面。有精神的話，試試到香港其他地區走走，你會發現不同地區比你想像的更不同。走過這些路，你會發現不只你住在香港之中，香港也會住在你的心中。

感謝 Sampson 為我們寫了這樣一本書。是為序。

自序

從沒走進這路線
這是我剛剛發現

某一塊肌肉像似
得到首次鍛鍊

—— *My Little Airport* 《散步之年》

一個沉迷散步者的遐想

總有人問起，如果只用一個身份去介紹自己，你會選擇哪個身份？哪種身份最能代表你？這些年來因為貪心，什麼都搞一點，藝術、學術、教書、寫作、社區嘢等，但我仍是毫不猶豫就答：城市研究者，Urbanist！

這答案其實不好理解，我會補充道，按字面解它當然是指去研究城市運作和城市形態的人。在大眾心目中，他可能是個學者、也可能是城市規劃專家，但在我心目中，只要一個人對跟城市空間相關的一切充滿熱情，他就是個 Urbanist。每座城市都有極其熱愛談論那座城市中各種各樣地方的人，而且談起來多是如數家珍般充滿激情，借用地理學家段義孚的說法，他們有種「對地方的愛」（Topophilia），也有強烈的「場所感」（Sense of Place）。

他們是愛上了城市空間的人，就像 Netflix 上由馬田史高西斯執導的紀錄片集《Fran Lebowitz：假裝我們在城市》，那位美國作家 Fran Lebowitz 談起紐約不同區域時滔滔不絕，似有無窮的故事要講下去；也可能像攝影師 Michael Wolf，在香港街頭巷尾發掘出各種視覺寶藏，從轉角建築到街上形形色色的「土地」，從被放到各個不可思議角落的凳，到後巷喉管夾住的物件，像在用不同系列的照片描畫出一座城市的 DNA。

最典型的城市研究敘述時時提到，十九世紀現代城市橫空出世後不久，已有了一種名為「城市漫遊者」的人物出現。他們漫無目的

地浪蕩，甚至故意在城市迷路，細意觀察路上的變化，貪婪地用眼睛吸收，也儲起眼前所觸發的一切奇思妙想。這種「漫遊者」也許是抽離的觀察者，比較自得其樂，「享用」複雜的城市空間和種種活動帶來的刺激。愈是巨型和愈是歷史悠久的大都會，潛藏的刺激就愈強烈。

當代的「散步者」，在我心目中是介乎抽離的「漫遊者」和「愛上城市空間的人」之間，他們會彈性地在閒逛、觀察、有系統地記錄、思考、搜索資料歷史、創作等活動之間游移，總之就是時刻對城市空間念茲在茲的愛好者。最近好喜歡用兩種意象去談這樣的「散步者」：

第一種跟日劇《孤獨的美食家》相關。總覺得，井之頭五郎（松重豐飾）在日本焦急地尋覓值得進入的餐廳，憑直覺在街道穿插的一兩分鐘，是該劇最過癮的時刻，甚至比他坐下來進食的重頭戲更吸引。我總想像，「散步者」有點像飢腸轆轆的井之頭五郎，對街頭偶遇的一切細碎事物有許多判斷和內心獨白，不過他們渴求的不是一間最滿意的餐廳，而是尚未相遇的城市空間和地方體驗。

另一種我喚作「博物館意象」。「散步者」走在街頭，總覺得城市環境才是內容最豐富的一座大博物館，任何角落都可以是展覽空間，每一細節都可以是這所博物館的館藏。然而，這樣的類比不指向博物館是權威那類說法，也不代表走在其中要視作一切都是寶藏。更符合日常逛博物館經驗的是，我們有時會提高警覺，分外認真，有時亦會散漫地無目的地閒蕩，總之就是知道四周「也許」有些不同類型的 Wonders 在包圍著自己，但可輕鬆自在地調節自己介入和觀看的節奏。

就我而言，城市研究者無法不同時是個「散步者」，他對城市空間的好奇與熱情，要通過散步與觀察去揮發，再轉化成不同的產物。

那麼，散步可以學嗎？二零二零年疫情開始後不久，因為大家無法再去旅行、社會開始多談本地遊、人們有時困於家裡不太可以出門，盲打誤撞，我寫了篇題為〈在香港上一課「城市散步學」〉的文章，說也許我們可以趁機在離開自己家不遠的地方、在自己的社區，從頭去習得散步之學，重新去感知自己的城市。

那時用「散步學」這說法，其實是未經細思的說辭，但這樣一用，倒讓我從當時到現在，花了兩年去深思：如果有所謂的「散步學」，到底是學什麼？兩年過後，這本書算是我第一次所嘗試的回答，得出的想法未必成熟，可能是比較個人的答案。我這版本的「散步學」，大致有三種關懷：

第一種關懷，是練習出一種「Mode」，走在城市裡頭，有辦法「開眼」和打開所有感官，忽然金睛火眼，「見到」最多。這種「Mode」，我時常叫作「掂行掂過」的相反。這本書裡，我時常用到「空間」這詞，城市研究會說，我們身處在「被人為建造出來的城市環境」（Urban Built Environment）中。這環境不是單一意志可以製造出來的，它之所以是某個特定模樣，是因為有無數力量在作用，也因為這樣，城市空間才是繁花千相。本書裡也常常用「窮盡」這詞，要「窮盡」一片空間可遇上的一切，去發現城市空間之中有無數事物和軌跡存在，正是需要練習的。

簡單如，若一個人住在一區，他上班時眼前有左右兩條路可通往車站，他每天都選左面的路行，可能這輩子都不會走上右面的路。有一天他走在右面的路，就會跟另一片新空間相遇了，「散步學」關心的，就是這種相遇。

一直好喜歡英國藝術家 Richard Wentworth 那叫作「Making Do and Getting By」的攝影計劃，他用十多年持續在倫敦同一區域，拍下街上偶遇的小事物和各種狀態，展現城市永遠都在變幻中。我把心目中第二種「散步學」的關懷，叫作「你不能踏入同一座

城市兩次」：練習完打開感官，察看到四下有什麼存在。享受完「看到更多」的趣味後，就可進一步察覺眼前的空間：今天跟昨天有什麼不同，有什麼「期間限定」的東西忽然存在，有什麼在誕生和有什麼在瓦解⋯⋯享受「看到變化」的趣味。

每當看到地方裡存在的事物和空間的變化，我認為就是在閱讀「城市視覺文化」（Urban Visual Culture），而這種閱讀的目標，人人都不同，這本書分享的兩種目標加起來便是「散步學」的第三種關懷。第一個目標是在城市空間中遇上的無數物事裡，開始認出自己覺得美麗的、喜歡的。在寫接下來那些散步路線時，我不斷重複一些也許重複得太過分的字詞，例如是「美麗」、「鍾情」、「享受」等，因為我覺得在一座城市中，懂得看自己覺得美麗而喜歡的東西，是種找樂趣的美妙方法。第二個目標，可能認真一點，就是在城市空間中遇上各種物事後，讓它們為自己撞出不同的思緒，連接形形色色的知識。

第三種「散步學」的關懷，我叫作「街道意識流」，即是一邊行，一邊遇上各種事物時，腦裡也一邊有持續湧出來的想像與知識，不只是「看到它們」。

雖然有以上這些「散步學」的心得，但我相信要習得「散步學」，最好的方法是真的走出去，開始行，開始讓自己沉浸在城市中，貪婪地觀看與想像。因此，這本書在前言過後，不會再有什麼理論，反而是介紹十條讓我非常享受的香港散步路線，每條路線會遇上至少十個啟發我思考的香港地方，因為我深信，如果真有所謂「學」，會先是由不斷「拋個身出去行」開始。

這十條路線、一百個地方，可以說只是個框架，是外出散步的邀請，它們包含我走在路上時讓我興奮的東西和觸發的各種聯想。「散步學」的真義卻是，帶著這些框架走在街上的你，絕對會在散步時遇上我沒有提及的各種事物，會因為城市在持續變幻而碰到我不

可能碰到的，或許會走到路線之外的空間、會產生出這本書沒有談及的聯想與地方知識。「散步學」就是跟著這本書的路線去行去看去想，然後超越這本書，繼續去行去看去想。

在寫這本書的時候，我一直想，「散步學」除了為著自得其樂，除了是研究城市的方法，也是我在這時刻、這時代，去跟香港繼續Connect的一種方法。不斷散步，累積對這座城市的認知和思考，流汗與移動，是我「真係好 _ 鍾意香港」，但不肯定可如何繼續去愛之際，一種與它對話的方法。

一直深信，在香港好好散步、將上述「散步學」的關懷應用在香港的話，必會對「香港真係好靚」這句話有更深體會。願這本書的讀者都能通過散步，各自遇上一個真係好靚的香港。這是我們的散步年代。

路線 $\Rightarrow$ 1

另一種「文青」行街視角

$\Rightarrow$ 大坑

像維園守護神的 八棵吉貝

在高士威道上的皇仁書院是我的母校，我曾有七年在此上學放學，所以對大坑特別有感情，會暗自認為那一區像「後園」。曾跟劇場導演陳炳釗聊到「皇仁仔」對大坑的感情時，聽他提起才知，原來比我早兩代的學生會在午飯時間往大坑跑，甚至會走到當時虎豹別墅的「萬金油花園」！

計劃在大坑及其周邊的散步路線，也私心把起點定在皇仁書院，並推介一件我從小到大都很喜歡做的事：坐在其門口兩旁那些高度剛好，像長凳般的墪上，觀賞眼前像守護著維多利亞公園般，樹幹特別粗大的八棵大樹。

它們名叫吉貝，齊整一排，最高的可達二十米，定睛望住它們時，會覺得有點「仙氣」。有說它們從維園落成之時（即五十年代）已經在那裡，與香港一同生長。

從地面走進大坑的路有幾條：從天后那邊出發，較多人的做法是沿著銅鑼灣道的大路走；由銅鑼灣出發，亦是沿銅鑼灣道而行；而我平常喜歡鑽進小路，像是中央圖書館和銅鑼灣運動場間那條鮮少有人行的窄路，走過窄路後，再穿過摩頓臺球場，亦可抵達大坑。

維園外的八棵吉貝　⇑

另一種「文青」行街視角：大坑　　　⇒

寬闊的磚路：
火龍徑

這兒介紹的路線，是由皇仁書院旁的火龍徑走進大坑。沒親眼見過的人，現在很難想像火龍徑在千禧年代還是條明渠，那是僅餘沒被覆蓋的一段，仍有水流過。這麼多年來，行明渠之上狹窄的「桂河橋」前往大坑，是難忘的回憶。這水道景觀被覆蓋，其實跟世界潮流背道而馳（在另一散步路線中有提及，啟德河之所以沒有被覆蓋，就是順應各大城市近年的設計思維），也讓這原本風景特異的小路，變成平凡的磚路，只在路的起點，遺下短短一截往昔的石牆。

現在五米闊的磚路，雖沒什麼優秀的設計，但這樣「鬆動」、讓行人舒服走過的行人徑，在香港也算是難得地示範了道路不應只為「移動」而建設，也可以是讓行人逗留和放慢腳步的公共空間。晚飯後的時間途經此路，會遇上不少街坊散步遛狗，幾乎像在辦「狗展」般，人們在閒聊，也像是狗主的派對。如果剛好路過，可特意來一看那情景。日間在這路上，也會見到街坊坐在路旁放空、看旁邊網球場裡的人切磋。也許因為大坑咖啡店多，時時會被形容為「很 Chill」，於是在火龍徑看街坊眾生相，也是「很 Chill」的模樣。

火龍徑
↘

皇仁書院的童軍室　⇑

在火龍徑上向大坑方向走，若留意左面的話，會見到一間瓦頂磚屋，現在是皇仁書院的童軍室。從外面看不太起眼，但其實它是一座過百年的古蹟，在學校未建成時已存在，本是一個世紀前「皇后運動場」的更衣室。皇仁書院其實每年春天都會辦兩天的開放日，有興趣的話，每年可趁著這次機會走進校園，一探這座古舊的小屋。

大坑路上

穿過火龍徑，就到達普遍人提起大坑時所指，由一些平行小街組成，大多數樓宇都只有幾層高的大坑街區。舊日的車房和部分老店仍在，但這一帶多年前已逐漸有酒吧和高價餐廳進駐，開始有些「文青名物」和多人追捧的餐廳。這個典型的「近代大坑史」，相信大家都聽過。事實上，大坑一直在演化中，在街區邊緣，新的高樓開始落成，餐廳時時易手，也曾有因租金過高而使大量餐廳結業的時期。

大坑街區　⇓

除了車房、咖啡店和餐廳，街區中值得一探的角落，還有不少。

走過銅鑼灣道，可見到在一九一二年已經落成，其後在一九五七年重建的中華遊樂會，是為大師甘銘的作品（甘銘在香港設計的現代主義建築不斷被拆）。它其中一部分外牆，巧妙地用了半圓的設計，保存門前的大樹，讓所有人見到樹的全貌。

中華遊樂會 ↗

中華遊樂會外的大樹及外牆設計 ↖

大坑第二巷 4 號是一座戰前唐樓，已獲評為三級歷史建築，是建成於三十年代的「裝飾藝術風格」（Art Deco）住宅。它之前曾被塗上不同顏色的油漆，但到了近年，新租客竟找來建築史學者和建築師黎雋維（Charles）主理其復修，非常有意思。Charles 的博士論文研究「上海批盪」，是一種現代建築的工藝，令建築外牆保持灰色和滿佈粗粒，雖然看似簡單，但這項工藝如今幾乎失傳，現在看來平凡的外牆，其實要花極多功夫才能讓它重新變回二十世紀的模樣。這座唐樓現在是名為 The Shophouse 的藝文空間，當有展覽時，大眾也可進內參觀。

The Shophouse
與「上海批盪」
↘

新村街「分裂」為兩段，我很喜歡走到盡頭處，那裡有把兩段街道分隔開來的 16 號舊樓。它兩邊都是狹窄的縫隙，可讓行人穿過。我心目中，在這些縫隙間穿梭，是大坑人的地方知識。

新村街 16 號兩邊的窄路 ↘

大坑的「小路」

↖

大坑的「大路」將街區劃成一個個方格，樓宇背面沒有車行的後巷，是大坑的幾條「小路」，它們平行而生，分別被命名為第一巷、第二巷、第三巷。我總覺得，這幾條小巷組成了在大家熟知的那個大坑之上的「另一半大坑」，我喜歡走在其中，看不同店家如何擺放植物，和細看後巷生態。

第二巷盡頭的石牆　↗

書館街 3-4 號，也是戰前落成，亦有「上海批盪」外牆　↖

新村街小店門口的「粗柱」↗

浣紗街盡頭，
二月廿九的風景

浣紗街盡頭，五十年代末建成、名為「融苑」的四層高級公務員合作社住宅異常美麗，是大坑的 Hidden Gem。雖然無法入內參觀，但我很享受走在浣紗街兒童遊樂場旁的斜路與樓梯時拾級而上。尤其在夜晚的昏黃街燈下，從樓梯的角度去看融苑。

這條通往大坑道的長樓梯，像為這一帶建造了好幾個「平台」，偶爾也有人在此逗留聊天，電視劇《二月廿九》多次在此取景，有不同角色站在這處閒談的畫面。在大坑有幾條路可以走上大坑道，對喜歡散步的人而言，這條樓梯特別吸引。

浣紗街遊樂場門口和融苑 ↖

在浣紗街遊樂場
旁的樓梯看融苑
⇒

⇒

融苑

在浣紗街遊樂場旁的樓
梯看融苑，樓梯成了讓
人想逗留的平台
⇐

盡是大宅的
大坑道

從浣紗街盡頭的樓梯抵達大坑道後，眼前的兩條「掘頭路」分別叫利群道和福群道，可走進去尋訪人們所說的「大坑半山豪宅」，其中在利群道口有兩座設計獨特的房子，特別矚目。

沿大坑道往上走，會遇到虎豹別墅改建成的虎豹樂圃，現在最為人所知，充滿「地獄風情」的萬金油花園已完全消失，只剩下大宅本身，必須預約才可參觀。在此，可看它在復修後如何跟後面新建的高樓拼合在一起，圍住大宅走一圈，也可探索到某些並非通往大宅裡面的通道和空間。

利群道
⇐

利群道的住宅 ↑

到達大坑道時會遇上勤屋,這是它的大門 ↑

被保留下來的
萬金油花園長凳
⇐

虎豹別墅在復修後跟後面新建的高樓拼合在一起 ⇓

在兩者之間
的通道

通往蓮花宮
公園樓梯

在 Instagram 上可找到無數在圓桶式設計的勵德邨打卡的照片，相信不用多作介紹。正常情況下是無法進入屋苑參觀的，但我時常推介朋友走到勵潔樓的平台，那裡是開放的空間，可從大廈縫隙間遠眺維港。同時，這兒種了棵大魚木，連同維港兩岸的背景一併欣賞時，讓我不得不把它選為心目中最深刻的一棵魚木。

勵德邨不同座數 ⇩

在通往蓮花宮公園的樓梯上聊天的人　⇑

通往蓮花宮公園的樓梯　⇗

從勵德邨道的樓梯向下走回大坑街區，是我心水的「回程」路線，而在大坑眾多樓梯中，這樓梯可說是特別會讓人記得的。沿樓梯而下，會遇上支撐著大坑道路面的地樁，更可看著蓮花宮公園和附近街道的開闊景觀，不時會在此遇上停駐、聊天的人。

到達蓮花宮公園後，會發現有一條小路通往蓮花宮的公廁，這座公廁建在像城堡的石牆建築之上，由此可下樓梯走回蓮花街，返到大坑街區，並遇上另外幾條小後巷，它們都是大坑較隱祕的角落。

大坑散步　遇上的 10 個香港地方　　⇒　⇒　⇒

① 維園外的八棵吉貝

② 火龍徑

⇒　⇒　⇒　　⇒　⇒　⇒

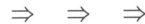

⑥ 利群道的建築

⑦ 虎豹別墅一帶

⇒　⇒　⇒

⇒ ⇒ ⇒   ⇒ ⇒ ⇒

③ 「上海批盪」外牆的
裝飾藝術風格住宅

④ 大坑的巷

⑤ 融苑

⇒ ⇒ ⇒

⑧ 勵德邨

⑨ 通往蓮花宮公園
的樓梯

⑩ 蓮花宮公廁

⇒ ⇒ ⇒   ⇒ ⇒ ⇒

路線　⇒　2

夾在山與海之間的奇觀巡禮

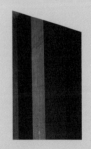

寶馬山　⇒　北角

寶馬山道的
「世界盡頭」風景

有朋友在樹仁大學教書，總戲稱它為「寶馬山大學」，我提起喜歡到寶馬山一帶散步時，他總有點不解。我想，寶馬山的魅力在於有許多居高臨下的視點看維港，同時從山上往下走向北角時，延伸旅程的選擇甚多。

乘公共交通工具到達寶馬山道盡頭，從聖貞德中學附近出發，是我喜歡的起步點。（行山的朋友當然知道，從這起點也可往山上走，短短一段路就能到達紅香爐峰，在峰上見到的維港兩岸景觀好震撼！）

走入校園徑，前方像是無路可行，只見到八十年代初落成，但如今荒廢的「香港日本人學校」校舍。細心留意路的左方，會發現盡頭有條樓梯連接慧翠道，下樓梯前的位置，盡覽維港景觀，是個另類的觀景角落。慧翠道的「掘頭」，是個有點像到了「世界盡頭」的角落。

荒廢的「香港日本人學校」校舍 ⇩

路的左方有條下行樓梯，
接通慧翠道，盡覽維港景觀
⇐

在此會遇上漢基國際學校背面對稱的樓梯，並見到日本學校的另
一面──線條美麗的螺旋形樓梯和整座摩登的白色建築。更吸引
人的是，這處面向海的一段行人路像陷於山中，從上望下去是對
稱的「八」字形，景觀也一流。

漢基國際學校背面對稱的樓梯 ⇓

「八」字形的路，恍如特設的觀景台 ↗

香港日本人學校
⇒

⇒

在這個位置，不時會遇到趣怪的場面，因為這「世界盡頭」是難得少車駛入的角落，許多學車的人會在此學調頭，每每散步至此，都會見到許多輛車同時在緩慢調頭，像是種韻律表現。

學車的人同時在緩慢調頭
↙

沿慧翠道走，好看的是大廈縫隙間的「垂直線條海景」、樹仁大學新舊校舍的強烈對比，和寶馬山一帶的標誌——讓人幻想要通往神祕地方的長樓梯。來到這條路的另一端，其實已經走了一圈，回到了寶馬山道，遇上貼滿地產廣告的一面牆。

縫隙間的海景
⇐

讓人幻想可通往神祕地方的種種長樓梯 ⇙

賽西湖商場、
賽西湖公園

貼滿地產廣告的牆邊，其實是賽西湖商場那不起眼的入口。滿是橫額招牌的矮牆背後，由六組單層獨立店鋪建築組成的露天空間，其實就是個另類的商場。「賽西湖社區」一帶幾乎無商店食肆，露天商場面積不大，最基本的茶記和便利店對這區的學生居民非常重要，在此之外，就只有賽西湖公園的小食亭照顧大家的脾胃。這可說是座露天商場，餐廳和咖啡店也有些戶外座位，是頗寫意的用餐環境。

我喜歡賽西湖商場的怪異，它有些許蕭條：噴水池停用了、許多空間都被用來擺放貨物、建築物平凡粗獷，跟想像中賽西湖大廈的「風光」形象不一樣。

賽西湖商場　↗

沿寶馬山道向下走，商場旁就是賽西湖公園，其中遺留下來的古蹟很有氣勢，高低有致的環境添上美麗的設施，是香港非常值得一訪的公園。這公園一帶曾是十九世紀太古洋行建的寶馬山水塘的範圍，園中有相關水務設施的遺跡，獲評為二級歷史建築的水壩水管隧道口，就是當時的設施。

賽西湖公園中的古蹟
⇐

不過對我來說，比這些遺蹟還要吸引的，是滿佈公園之中的各種「現代涼亭」，它們作為「亭」，雖然保留中式庭園那些涼亭的基本功能，但也融合了戰後建築和抽象雕塑的語言，每一件都像是可獨立欣賞的大型藝術品。

它們由本土建築大師鍾華楠設計，他畢生致力研究亭的美學，出版過《亭的繼承》一書。他最為人所知的作品，包括已被拆卸重建的山頂建築「爐峰塔」和銅鑼灣的「圓形天橋」。在賽西湖公園內，可一次過欣賞他的幾組設計，我每次來到，都像踏進了為鍾華楠而建的戶外博物館，真願更多人認識到他的大作。

賽西湖公園內經過精心設計的亭
↙

這個涼亭的模型幻燈片，
可在 M+ 博物館的網頁找到
↙

夾在山與海之間的奇觀巡禮：寶馬山──北角　　⇒

最愛百福道

寶馬山滿是樸實美麗的長樓梯,離開賽西湖公園,蘇浙公學旁正好有段樓梯,向下能通往天后廟道,沒行過這樣的樓梯就不算來過寶馬山。

由天后廟道,走往百福道,開始享受一段下山之旅。走完整條百福道,沿著靠山下北角的那面行人路走時,有點像置身於半空的走廊中,是極美好的步行體驗。有說山、樓、海之壓縮與緊靠,是香港城市地景的最獨特之處,走在百福道,正正可感受到這種「好香港」的魔幻城市感。

←
百福道下山之旅

到達百福道之末，有兩個景點作為彩蛋。先是循道衛理聯合教會北角堂，這是香港建築大師司徒惠的作品，一排排像開瓶器般的結構支柱，組成了建築的形態，是「有型得交關」的現代主義教堂。教堂的正門就在百福道，下面的道路完全沒有出入口，所以要「遇見」這座教堂的全貌，就要從健康東街非常美麗的石牆樓梯走上百福道，走上幾級後始見到它升高了的入口，覓路的過程有朝聖的儀式感。

教堂的入口不在地面
↙

循道衛理聯合
教會北角堂
↙

百福道的交通安全城　↗

另一「彩蛋」是百福道的交通安全城，是香港四個「Safety Town」
之一（奇怪的英文名），安全城中的迷你道路、路上的交通指引和當
中的小天橋都很可愛，反而內裡的交通燈，跟外面是同樣大小的！

經過它們之後，走向百福道的盡頭，就已抵達北角，可繼續散步
的路和選擇就多不勝數了，這兒介紹些或許相對少人談及的另類
景點。

北角散步，
另類景點

渣華道市政大廈在北角當然是無人不識的街市（它本身也是座我喜愛觀看的宏偉市政建築），但從百福道下來，有另一個北角街市，設計得像個小方盒，同時容納北角公共圖書館在其中。有次香港藝術中心舉辦「路過北角」的社區文化計劃，主辦單位邀請我去跟一位在北角生活的印尼傭工傾談，了解他們如何使用城市空間。我這才得知，外傭社群喜歡在假日走到這小方盒的天台遊樂場活動，那是一片不少街坊也不知道的公共空間。

錦屏街有許多分岔，像被蠻力「破」開幾段，再重新接駁成新的形狀，其中最為人熟悉的一截是那短短一條、只有行人路那段的「食街」，各店鋪前是寬闊的行人樓梯，每上幾級都會遇到另一間餐館。錦屏街被分成許多段，在此可一探所有的路。它最頂端的一段，連接著只能通往明園大廈的平台斜路——孔雀道。

通往錦屏街最
頂端的一段樓梯

「長命斜」明園西街不易走，但仍值得走到頂端去尋訪 43-45 號，如今縮在一角、形態超奇特的樓宇。它的半邊只有支架，跟大廈另一邊建成的部分比例相約，所以被叫作「半邊樓」，至於為什麼只建了半邊就不得而知了。那巨大的支架像是戶外的現代雕塑，成了北角特有的奇觀。明園西街路上，還有幾座精緻的矮樓，能觀賞到它們，也算是行大斜路的回報。

明園西街上的建築　↗

明園西街頂的「半邊樓」↖

和富商場建在和富道地底，裡面的商店近年經歷劇變，從商場之上的平台，可見到這兒有些奇特的建築，明顯可見當年設計師的野心，特別是平台上有個可望入商場的半圓球狀結構。

和富中心的半圓球狀結構　↗

在北角，貼近海的道路，許多都被住宅佔據，新的海濱花園落成後，也像商場和豪宅延伸的空間，美輪美奐。但昔日北角最吸引人的，是許多街道的盡頭——那讓人靜靜看海，沒有過度的修飾、平凡而低調的「舊海濱」。現在北角還有幾處幾乎被遺忘的角落能讓人如此寧靜看海，可以此作為散步的終點。

北角公共碼頭
⇐

北角渡海輪碼頭廣場海濱花園
⇐

夾在山與海之間的奇觀巡禮：寶馬山——北角　　⇒

在北角許多路上都能看到獅子山 ⇧

民康街隱祕的小路
⇐

在北角看海，也可觀東區走廊下的空間 ↘

夾在山與海之間的奇觀巡禮：寶馬山──北角　　⇒

寶馬山──北角散步　遇上的 10 個香港地方　　⇒　⇒　⇒

① 慧翠道盡頭

② 賽西湖商場

③ 賽西湖公園

⇒　⇒　⇒ 　　　　　⇒　⇒　⇒

⑥ 百福道交通安全城

⑦ 和富商場

⇒　⇒　⇒

⇒　⇒　⇒　　　⇒　⇒　⇒

④　百福道

⑤　循道衛理聯合教會北角堂

⇒　⇒　⇒

⑧　探索錦屏街

⑨　明園西街頂的「半邊樓」

⑩　北角的諸種海濱

⇒　⇒　⇒

路線　　　⇒　　　3

古宅與異世界

⇒　　　西半山

旭龢道上那些
鮮為人知的地方

幾年前「龍虎山環境教育中心」成立十周年,我應邀去跟他們的團隊一起策劃一個展覽,於是跟「西半山」結緣,開始不時帶朋友到這一帶的城市環境中散步。特別強調是「城市環境」,因為可能有些人聽到龍虎山,就以為是往郊野走,或聽到半山的街名,就以為是只有豪宅、別無其他的地方。這一帶其實非常多寶藏,心水散步路線是從旭龢道最西端出發,一直往東行,幾乎到羅便臣道盡頭為止。這路線不用走上斜的路,輕鬆且目不暇給。

在旭龢道最西端,有條通往碧珊徑的樓梯,也通往龍虎山環境教育中心,後者由三座古屋組成,最老的一座在一八九零年前後就已落成,是薄扶林濾水池(現稱西環濾水廠)的工人宿舍,在它旁邊是兩座後來加建的平房,都在二戰前落成。這三座平房在二十世紀曾被不同家庭租住,因此房子之間試過被牆壁分隔開,到了近年才再組合起來,作環境教育用途,也成了行山客喜歡到訪之地。它時時有十分「足料」的好展覽,也會辦受歡迎的「森林浴」,跟參與者在樹林中漫步,嘗試讓感官連繫自然。如果想往龍虎山跑,在這兒可得到詳盡的介紹資料。

龍虎山環境教育中心 ⇑

古宅與異世界：西半山　　　⇒　　　067

探進這中心，除了見到這幾座建築物，還有「小後山」和花園，花園跟建築物的走廊所構成的空間非常開揚，舒服得讓人很想逗留。

離開中心走回旭龢道，便可開始「一路向東」的漫遊。在遇上「大學道一號」前，如果留意香港大學的入口，對著水務設施的一角有座不起眼的「八角形鐵盒」。十多年前，香港大學學者 Stephen Davies 和本地史學家 David Bellis 共同在這灌木叢裡發現了它，經過一番考察，認為這個英國製鐵水箱，極有可能是一八四零年代末、一八五零年代初早期的供水設施之一，後來在一九二零年代才被搬到西半山一帶。Stephen Davies 近年一直為這水箱奔走，想更多人知道它難得還存在，許多人日日經過見到它，卻因為沒有介紹資料而有所忽略。所謂「大隱隱於市」，經過的話，不妨去看看這個源於殖民時代初年、不為人知的古蹟。

旭龢道最為人所知的香港歷史，恐怕就是一九七二年的山泥傾瀉事故，十二層高的旭龢大廈倒塌導致六十七人死亡，是港督麥理浩任內最重大的災難事故。自此之後，港府大力防治山泥傾瀉。離開大學道不久後會遇上的旭龢道休憩花園，正是旭龢大廈的舊址，如今是個不怎麼起眼的口袋公園，站在其中的人，也未必知道這段歷史。

隱蔽的八角形鐵水箱
↖

旭龢道休憩花園 ↗

羅便臣道
不只有豪宅

一直往東行，走完旭龢道，與之交接的便是羅便臣道。開首的一段，盡是被樹影覆蓋、被石牆夾著的窄路。去到羅便臣道 80 號後，會遇上旁邊的矮圍牆，那是用麻石砌成的石欄，它在一八五一年羅便臣道被開闢時已存在。

與旭龢道交接
的羅便臣道

⇐

麻石砌成的石欄 ↗

羅便臣道上會見到的石欄 ↙

羅便臣道上有各式各樣的住宅，特別值得一看，可從它們的設計了解不同時代對豪宅的想像。停車場的模樣、它們取的名字、門牌的設計、的士牌的設置……跟當代的豪宅完全不一樣。

羅便臣道上
的樹槽
↙

羅便臣道上
的豪宅門牌
↙

羅便臣道住宅的停車場 ↗

羅便臣道上英華女書院前，予人等巴士的亭子 ⇧

羅便臣道上的樓宇之間，
每有這樣可望見海的狹縫 ⇩

羅便臣道公廁附近，
羅便臣道跟衛城道構成了兩層的空間 ⇩

羅便臣道上有不少似是冷清的樓梯 ⇩

有氣勢的多層停車場，
是這帶高層住宅的重要元素 ⇩

羅便臣道的古宅

遇上羅便臣道各式引人注目的物事，也談談不可錯過的古宅與建築。69 號 F 及 69 號 G 兩間屋，是整條路上為數不多的戰前樓宇，尤其是前者，跟何文田加多利山那類「包浩斯」風格（或曰摩登流線型）的現代住宅有近似的設計，如露台的線條、球形的燈泡、樓梯塔跟居住空間外形的比例、受保育的綠色鐵窗框，都非常好看。有關它們的資料不多，但據知最先出資建造這兩座房子的人，是上世紀曾跟何啟及區德共同發展啟德的富豪張心湖。

羅便臣道 69 號 F ⇧

羅便臣道 69 號 G ⇧

遇上羅便臣道 69 號 F 和 G 時，會見到在大廈門庭前的大樹

⇒

離開 69 號後走前幾步，就會遇上燕貽大廈，大廈本身看似平凡，
但門前的樓梯甚是好看，讓人想起香港的「名物」鉸剪梯。

燕貽大廈前的樓梯 ⇧

古宅與異世界：西半山　　　⇒

觀看羅便臣道上不同的住宅，還有些或許較瑣碎的趣味。

62E 立面上，一層層的窗子以梯階式排列在紅色長框之中，像簡約的電子遊戲界面。

62E 對面的大樓則是兩座慧明苑，後方的牆上有大大小小的幾何圖形，多不勝數，定神看著數著，也可是個遊戲。

55 號 Palm Court，整個平台竟然有四、五層樓高，那些支架壯麗，入面還種了些樹，整體看起來像個藝術裝置。

Palm Court 的支架裡　⇑

慧明苑後方牆上的幾何圖形　⇑

Palm Court 的門牌　⇑

從外面看 Palm Court 的平台　⇑

遇上摩羅廟交加街，
可 Detour 過去，
走在半山行人扶手梯之下
⇐

路上最迷人的古宅，當數羅便臣道上另一棟戰前已建成、至今還「健在」的李星衢大宅。大宅在一九三六年由當年叱咤一時、在政商圈子活躍的銀行家李星衢買地建設，這座西洋風大宅，結構對稱，氣派不凡。

雖然大宅裡面不曾公開讓人參觀，但它的大門口設計特別有氣勢，人人皆可親近，並細意觀察一番。

李星衢大宅 ⇑

不可思議的
己連拿利天橋

在羅便臣道走過高主教書院後，會到達本路線最「好玩」的地方，也就是如今多了人認識的「己連拿利天橋」。網上形容它是「打卡」必到之地，而且形容它的詞彙非常誇張，有說是「宛如荒涼未來異世界」、「神隱森林天橋」、「迷離石屎隧道」、「異次元空間」、「空中隧道」等等。

無可置疑的是，此處盡現香港城市設計和基建所產生的空間，其複雜性之極致，而更有趣是，這種道路規劃的複雜性，竟又好像顧及了行人的經驗，讓置身其中的人，可以享受不可思議的移動體驗。這套落成於一九七九年的天橋系統，充滿現代主義建築高峰期的烏托邦色彩（天橋還特意立了開幕碑）。好多人都把焦點放了在「環形隧道」這個「打卡位」，但我帶朋友走到這兒時，最強調的是如何「窮盡」它生產出來的每一重 Layer，看看它可以讓行人走到什麼方位、何等高低，轉換多少視點。

高主教書院的外牆 ⇧

「環形隧道打卡位」⇧

首先是由兩層環形的路構成的圓，包裹著種滿又高又大又密的樹林，讓樹林像被框住，圍繞著來看，別有趣味。

最高的行人層，是從干德道路上，走到干德道行車路下面的巧妙轉折位，這是最引人拍攝的「隧道」部分。

這裡所有基建道路，都沒塗上顏色油漆，保留了瀝青帶來的粗獷感，而從遠處看起來，上層是人、下層是車，有一種典型的未來感：人們想像未來的城市時，總愛想像人車道會被有心思地分開，例如在科幻影像中，往往能見到多重行車道與行人道縱橫交錯地建在城市的半空。

另一重層次是從羅便臣道最貼近高主教書院那邊，走向下方的行人樓梯，然後「潛進」羅便臣道行車路的下面。這一層會與干德道那層接通，它最迷人之處，是其高架的天橋，讓人行在其中有走在「空中隧道」之感。

有趣的是，再向下一層走，便會發現另一邊的行人空間。如果這時抬頭望上去，可看到天橋的組件連同在此的樹林，十分壯觀。而最底的一層，本身就是震撼至極的休憩空間，不讓上面的幾層專美。

兩層環形的
路構成的圓

⇐

己連拿利天橋的多重層次 ⇑

己連拿利天橋下，像在樹林中的行人道 ⇑

像「空中隧道」的天橋 ⇑

己連拿利天橋下的休憩空間 ⇗

古宅與異世界：西半山　　　⇒

從己連拿利天橋下底層空間所連接的動植物公園入口進去，會遇上一段綠色欄杆後的路，風景優美，可遠望到上亞厘畢道的建築。這散步路線，最後來到動植物公園，找個位置坐下休息，最好不過。

在己連拿利上，會遠望到聖母無原罪主教座堂 ⇑

己連拿利上的石凳 ⇑

從動植物公園路上可看到上亞厘畢道 1 號馬丁樓 ⇑

動植物公園裡的綠色欄杆路 ⇑

動植物公園中的噴水池，有這樣一句話在其上 ⇑

HERE LIES THE RAINBOW FOR WISHFUL THINKERS

動植物公園內的涼亭 ⇑

① 龍虎山環境教育中心

② 八角形鐵水箱

③ 羅便臣道的石牆

⇒　⇒　⇒

⑥ 燕貽大廈前的樓梯

⑦ 李星衢大宅

⇒　⇒　⇒　　　　　　⇒　⇒　⇒

⇒ ⇒ ⇒　　⇒ ⇒ ⇒

④ 羅便臣道，
有氣勢的住宅停車層

⑤ 羅便臣道 69 號 F
及 69 號 G

⇒ ⇒ ⇒　　⇒ ⇒ ⇒

⑧ 己連拿利
天橋

⑨ 己連拿利天橋產生
的多重空間

⑩ 動植物公園的窄路

⇒ ⇒ ⇒

路線　　　⇒　　　4

漫步橋上橋下，看海與人流

鴨脷洲　⇒　香港仔

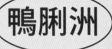

我最喜歡掛在口邊的話是：「鴨脷洲其實好大。」這個島有好多處可以探索，而且是地球上人口密度極高的幾個島嶼之一，因緊連著香港仔而高度城市化，以至於有些香港人幾乎會忘記它是一個島。這散步路線，由集中在鴨脷洲海旁一帶的大街開始，然後走過大橋至香港仔。而其實在路線之外的鴨脷洲邨、海怡、利東和通往被塑造成家具 Outlet 的新海怡廣場等部分，都是值得探索的。

四原色街渡碼頭

鴨脷洲北岸有一大部分是公園，在公園最東的盡頭處，有一組看起來「四不像」的小型建築，那裡有個能讓人站高一點的平台，可更清晰地看到眼前的海和避風塘。這座就是所謂的「風之塔」，即海濱公園名稱之所指。有介紹資料說它模仿船的造型，朝海的一面是帆的模樣，但我感覺它更像個有點抽象的竹棚，而可以走上去的平台部分，跟它整體的形狀毫不配合。雖說它有少許怪，但並不是批評，在香港，難得有官方的公園可以容納這種「半公共藝術」、「半懷舊」、「半功能性設施」的亭樓 (Pavilion)，實是有點趣味。在世上許多城市，公共空間裡都有這種難以準確界定、純粹給人多點空間體驗的「微建築」。

從風之塔公園走到海旁，沿海散步，會路過街渡碼頭。此街渡連接鴨脷洲和香港仔，船程極短，感覺一上船就要準備下船了。街渡的浮動碼頭本身就是艘船仔，也是座可愛的小型建築，充滿民間建築樸實無華但計算精準的特色。雖然浮動碼頭和連接岸上的橋結構簡單，但用上紅藍黃綠四原色，令這個迷你的等船空間有遊樂場的感覺，超越了純實用的考量。座位旁有一面牆貼滿了告示，碼頭的左右分別連接對岸的兩邊，簡單的民間建築總是麻雀雖小，五臟俱全。

街渡的浮動碼頭
⇐

碼頭之內
⇐

走在鴨脷洲
大橋下

沿海走，不久就會遇上巨大的鴨脷洲大橋橋墩，一共三組，兩組來自行車與行人的大橋，一組來自高架鐵路。它們「插」在路上，是行人可以觸摸得到的。橋墩上清楚寫明「航道橋高十四米」，而十四米大橋之下的這片開闊空間，一直是我特別鍾情的「另類公共空間」。它不是公園、沒休憩設施，甚至也沒多少照明，但這兒的簡潔，倒造就了浪漫的開放環境，街坊也喜歡在此靜靜看海，或抬頭望鐵路駛過時的光影交錯。這種城市裡「由基建塑造出來的空間」，有不少都難以親近，這兒的開放，實在難得。

鴨脷洲海傍道也是條「好行」的路，沿著海邊，可一直通往深灣那邊一排的船廠，夜裡同樣是漆黑浪漫。這條路原本是欣賞珍寶海鮮舫的好地方，可惜成書之時，它已不再存在了。

夜裡橋下
空間的浪漫
↘

大橋下開闊的空間 ⇑

條條小路通橋上

從海旁走回鴨脷洲大街，我喜歡的散步體驗是發掘諸多從大街「走上」鴨脷洲橋道的路線。鐵路通車後，大概多數居民都貪圖方便，利用鐵路的自動升降設施來回於它們之間，因而令其他通道較少人行走了。

文麗大樓後面有個平台，並有一條往上走的樓梯，好多貓兒在這一帶休息，都不太怕人。樓梯有上蓋，整組建設塗成了黃色，在鏡頭裡特別好看。陳蕾《世界與你無關》的 MV 中，也有她行這段樓梯的一幕，不少人都說這段好看，因為只要張開眼去看，必能從最平凡的城市角落，看到不凡。

文麗大樓後的樓梯　⇑

鴨脷洲大街的 102 號是一座只有兩層高的樓宇,騎樓的方窗、一樓的綠色紙皮石外牆、露台的頂端,不是常見的模樣,是街上讓人印象最深的建築。而 9-13 號亨利閣,英文名字叫 Rousseau Heights,條狀的設計部分金光閃閃,也是一見難忘。

鴨脷洲大街 9-13 號亨利閣　⇑

不得了的
橋上風光

香港只有兩條跨海大橋是容許行人走上去散步的（第三條是預計二零二二年峻工的將軍澳跨灣連接路），近年也多人知道了。這兩條大橋，一條是在荃灣與青衣之間的青荃橋，另一條正是鴨脷洲大橋。後者景觀超開揚，盡覽香港仔避風塘密密麻麻的舢舨，這樣遠望，一切看起來都像加了吸引的 Filter。在橋上慢慢走到對岸，體驗之美妙實在難以言傳，而除了好風光和海風，人們行來踱去的寫意姿態，也是橋上很美的風景。

走在鴨脷洲大橋上 ↘

另一端的
橋下空間

橋下的水流進黃竹坑明渠，這明渠像把香港仔跟黃竹坑劃開了一般。下橋後，走到香港仔網球及壁球中心的背面，就會遇上一條小橋，小橋通往香葉徑，在此會遇上香葉道寵物公園。

在香港仔這邊的橋下空間裡，最接近對岸的位置，有個設計奇特、有點後現代風格的觀景亭，穿過它之後，就可踏在一片靠海的碎石地上，這邊跟對岸的氣氛全然不同，橋墩「插」在海中心，站在此處有半分蒼茫感。往回走，香葉道寵物公園被認為是近年善用橋下空間的新示範，我認為最吸引的，卻是它晚上昏黃、光暗適中的燈光，遠處看過去，頗引人走近。

鴨脷洲大橋下的香葉道寵物公園 ↘

漫步橋上橋下，看海與人流：鴨脷洲——香港仔　⇒

鴨巴甸的
多元建築

離開大橋一帶後，沿海傍道走入香港仔鬧市中，可以去看的角落甚多，在此特別介紹一系列不同類型的建築。

首先是香港仔海濱公園裡，珍寶海鮮舫和太白海鮮舫的碼頭。雖然它們已結業，但它們的碼頭都以跟船隻近似的風格設計，它們的前途未卜，路過的話，應趁機一看。

在香港仔舊大街休憩花園旁，有一組廟宇群，每間細小的廟裡，都有豐富的小物和細節。而從這廟宇群往上走，是名為「蒲窩」的青少年中心。它是一片充滿實驗精神的空間，時時作為青年的創作啟蒙，建築物和整個空間像與世隔絕，充滿藝術氣息。它的前身為香港仔警署，是二級歷史古蹟，被改造成「蒲窩」後，成為香港 Indie Band 表演的重要場地。

珍寶海鮮舫和
太白海鮮舫的碼頭
⟸

「蒲窩」青少年中心　⇑

香港仔舊大街休憩花園旁的廟宇群　⇑

香港仔市政大廈，則是劉榮廣伍振民建築師事務所的精彩作品，整座大樓是將不同功能組合在一起的公共建築的經典示範。

香港仔中心對開的南寧街，有座在路中心的海王古廟，它反映了香港仔的歷史。廟原本在海前，因為不能被移動，即使建了路，它還「卡」在馬路中，是座非常有趣的民間建築。

走進香港仔中心，會遇上熱鬧的大型噴水池廣場，它被大廈包圍，是很能凝聚人群和促進社群交流的公共空間，而甚少人知道的是，噴水池中的大型雕塑，是香港傳奇藝術家夏碧泉創作過最大型的公共作品！

香港仔市政大廈 ⟸

崇文街的住宅 ⇓

路中心的海王古廟 ⇓

香港仔中心的夏碧泉作品 ↘

香港仔魚市場旁的魚類統營處 ⇑

另一條「幻愛橋」
般的海中走廊

在香港仔沿海傍向西走，走過田灣，經過少許轉折，路過冰廠及雪房後，會在它的旁邊見到一條「不似是路的小路」。柳暗花明，走進去後眼前竟是一條寬闊而兩旁沒有任何圍欄的長路，似接通對岸，又宛如浮在海上。

這條香港仔避風塘堤壩之不可多得，在於香港大多近海的路都有圍欄，在這兒散步，那種讓人「浮在海中央」的自由之感，在別處不易找到，可謂香港絕境（曾經在西區貨物裝卸區也可有近海的「無欄杆體驗」，但現在它已不對外開放）。黃昏時分到訪這兒，因為向西一面全無阻隔，日落景色無敵；到了晚上，此處自然也是首屈一指的浪漫之地。

如果帶從沒來過或聽說過此處的朋友來，走到盡頭時，他們定會因「看似只差少少就接通對岸，但偏偏沒接通」而覺得意外。（可以騙騙他們！）

最後，除了可在堤上欣賞岸邊的煤氣鼓，也可留意雪廠上有個超大型、佔據整幅牆，但已褪色得七七八八的良友香煙廣告。多年前煙草廣告被禁後，這是城市中餘下不多的香煙廣告了。

香港仔避風塘堤壩
⇐

雪廠上有往日的大型香煙廣告 ⇑

日落時分離開堤壩，
往煤氣鼓的方向走

⇐

漫步橋上橋下，看海與人流：鴨脷洲──香港仔　　⇒　　　　101

① **風之塔** 及 ② **街渡碼頭**　③ **鴨脷洲大橋下的空間
及鴨脷洲海傍道**

⇒　⇒　⇒　　⇒　⇒　⇒

⑥ **香港仔舊大街休憩花園旁
的廟宇群及蒲窩**　⑦ **香港仔市政大廈**

⇒　⇒　⇒　　　　⇒　⇒　⇒

⇒ ⇒ ⇒   ⇒ ⇒ ⇒

④ 鴨脷洲大橋上的
行走體驗

⑤ 香葉道寵物公園

⇒ ⇒ ⇒

⑧ 海王古廟

⑨ 香港仔中心
噴水池廣場

⑩ 香港仔
避風塘堤壩

⇒ ⇒ ⇒

路線 $\Rightarrow$ 5

休憩日常

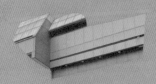

牛池灣 $\Rightarrow$ 新蒲崗

「牛池灣露台」：
匯八坊小巴站
平台空間

在彩虹站旁叫「匯八坊」的商場，有個不在地面的小巴總站，在站的外面，有一片像個小露台的「閒置空間」。這散步路線，以此另類的城市角落作起點。這裡景觀開闊，可遠眺彩虹邨和牛池灣街市、體育館和文娛中心組成的市政大廈建築群。它們是很有代表性的香港日常建築，將市民生活的不同元素「堆」進大樓之中，讓人看到上世紀八、九十年代「市政建築」特有的野心。

這批市政大廈的設計，線條方正，有許多通道連接四周，看起來有點笨重，所有細節都是功能主導，但有種簡單得來、配合到其「功能上的野心」的簡潔美學。許多八、九十年代的市政大廈，都帶點那個時代日本動畫中機械人基地的味道。近年這些「基地」時時被漆上粉色翻新，而未有翻新的，通常都以簡樸的顏色組合，配合建築的簡樸粗線條。

站在平台上，眼前除了市政大廈，還有已經空置多年的紅色屋頂「謎之建築」──聖若瑟安老院建築群。它原本是座在一九一九年建成的別墅，叫「小梅村」，現已獲評為二級歷史建築，雖然無法入內參觀，但從這角度可看到其中一座大樓的模樣，也可清楚看到它古典的門樓。近年這座建築備受關注，因為有研究指別墅誕生前，清末同盟會成員陳少白曾購入此地，租給孫中山的哥哥作為革命基地之用。

聖若瑟安老院建築群　⇑

匯八坊小巴站平台空間　⇑

從地面向上望，可見到平台空間的結構 ⇑

牛池灣露天街市，遠眺獅子山 ⇑

室內室外街市並置的牛池灣村地帶

穿過市政大廈街市，散步到龍池徑一帶，是另一個無比熱鬧的露天街市。這街市由牛池灣鄉牌區附近的唐樓地鋪構成，整個格局完全是人們幻想「市集」時會最先想到的模樣。行走其中，非常有庶民的生活感，地鋪延伸出來的位置，組成了擺賣的空間，剩下狹窄的行走通道。而站在通道上，能看見遠處就是獅子山，一切猶如市集的精心設計，Dramatic 得似是特意搭出來的景。並置的露天街市和市政大廈街市「爭生意」，也算是道很「香港」的景觀。

龍池徑一邊是露天街市及大排檔，另一邊是坊間不少媒體都介紹過的牛池灣村，是九龍僅餘幾條由石屋和鐵皮房子組成的村落之一。我喜歡穿過它們，拾級到永定道，看村的全貌，而那也是另一個可遠眺彩虹邨的角度——在彩虹邨中閒逛，當然非常寫意，但我總覺得遠觀彩虹邨不同座數的佈局，才可欣賞到它最美一面。老舊的茶記「寶福餐廳」藏身在其中一間鐵皮屋，在尋找它的位置時，剛好就已穿過半條村了。執筆之時，牛池灣村正面臨拆遷，這存在已久的九龍鄉村，正面對不確定的未來。

圍著彩虹邨走

坊間已有海量關於「在彩虹邨旅行」的資訊，在此不多介紹。如上所言，我特別喜歡欣賞它充滿氣勢的整體佈局，一座座高樓之間的距離和間隔。心目中彩虹邨的「遊法」，是盡情感受它如何創造出「負空間」（Negative Space，建築之間的空間）和各種邨內的公共空間。

享受這些元素的方法，可以是圍繞著彩虹邨走一圈，觀察它如何被幾條交通極繁忙的高速公路包圍著，同時亦有無數的地面路徑可以步進邨裡。從整體的空間佈局來看，每一「面」彩虹邨高樓

都像圍牆，組成現代主義住宅的堡壘，像框出了這些板塊之間的生活空間。

圍著整個彩虹邨走，在它的各個入口穿梭，遊走各座「之間」的空間，去感受箇中的佈局。通過這樣的方法，便可理解它落成時獲得大獎和備受讚美的原因：它的設計有精心營造現代生活空間的巧思，「之間」的空間和步進其中的經驗都很妙，是不應錯過的細節。

圍著彩虹邨走，
觀察它創造的公共空間
↙

在彩虹邨散步過後，可以從因為啟德發展而新近落成的隧道通往承啟道，到達啟德一帶。沿著承啟道走，我的目光總被貼近德朗邨的一段有蓋觀塘繞道吸引，龐然的結構很工整，帶點粗獷主義建築的形態，展現了一種基建的結構美學。

貼近德朗邨的一段有蓋觀塘繞道　⇩

形成中的啟德
及新型公共空間

啟德各大樓盤形成了典型的「門禁社區」(Gated Community)，不是住在任何一個屋苑的話，這兒幾乎沒有可讓人逗留細看的空間，只有各條大路。不過在這些「幾乎不算是街道的街道」上行走，剩下的趣味就是窺看不同新落成的住宅，想像它們的共用空間，要「行」什麼風格……每次來到這一帶，我都跟朋友說，從其規劃的方法到住宅的樣式，都讓人不知自己身在何處，只知是世上任何一個大城市的新發展區。

跟這一邊形成強烈對比的是啟德站一帶的公園和公共空間，顯然因為這片土地像白紙一樣，建築署和相關的設計師明顯花了心思，許多在其他區公園見不到的物料、公共藝術和新設計，都應用在這兒，而且幾組公共空間都異常開闊，走在其中，同樣有點「不似在香港」。

啟德新落成的
公共空間
⇐

隱藏在彩虹道橋下的奇異微型公園

離開啟德，走向工業貿易大樓，在啟德社區會堂旁，有一條隧道可穿過太子道東，連接新蒲崗。不直接走完隧道的話，那裡還有中途出口，可通往隱藏在幾條高架路之下，叫作「新蒲崗交匯處休憩花園」的地方。

這片空間一直在我珍藏的隱蔽公共空間清單上，它是香港典型利用剩餘空間造出來的雞肋環境，雖然不實用，亦未必有人鍾愛，但那種「怪雞」，對喜愛在城市尋幽探祕的人來說，就好比美食家眼中的芫荽——「識欣賞就會好沉迷」。

夾在幾組高架路和大路之間的休憩處，分為兩部分：一部分為草地，像個供人舉辦小型婚禮的別緻小庭園；另一部分為橋下的環形空間，裡面所有座位都統一用曲線簡約設計，吸引人逗留在其中。這裡還有兩張象棋枱，我每次來到都會想：從建成到現在，應該從來無人在此捉過棋吧？

新蒲崗交匯處休憩處
的圓形空間

⇐

幾乎被覆蓋的 啟德河

離開那休憩處，可順著太子道東，走到新蒲崗一段啟德河，沿著它一直走到彩虹道遊樂場，是我好喜歡的散步旅程。

啟德河雖被稱為「河」，但它其實是條排洪渠，地圖上可見到有啟德段和黃大仙段。十數年前，在民居旁的黃大仙段，絕對不是社區街坊想接近的渠道，當局也一直計劃將渠道覆蓋，眼不見為乾淨。到了二零一零年初，民間有建築師及藝術家受其他國家「地方營造」的案例，特別是首爾清溪川的例子啟發，他們認為水道是建立社區歸屬感的核心元素，亦相信河的景觀可以連結街坊，於是大力推動潔淨啟德明渠，徹底改變了它的定位。

這算是香港鮮有的例子，改良了河道的視野。他們的意見最終在天時地利人和下被採納。渠道歷經了漫長的改造工程，期間參考過一些外國地方營造計劃中與居民互動的手法，也曾有藝術家在其中創作。工程完成後，一方面大幅改善水的質素，另一方面落實了各種讓人親近水的設計細節，那景觀真的極具魅力。民間、設計師和政府都開始推動大家重新認知這水道為「啟德河」，讓人覺得新蒲崗真的像多了一條吸引的河流般。

轉化之後的啟德河景觀　⇧

從彩虹道遊樂場
走到鳳德公園

順著啟德河一直往北走,就會遇上彩虹道體育館及彩虹道遊樂場。坊間的歷史資料時時提起,舊日的啟德遊樂場關閉後,才有了彩虹道街市及熟食中心、體育館和公園。這些年來,我一直覺得彩虹道街市是香港特別有氣勢的現代建築之一,但執筆之時,它已停用,行將被清拆重建。

沒有了街市,但也可留意,街市本來連住的體育館和它對出的空中走廊,都甚為美麗。空中走廊下像隧道般的公共空間氣氛很好,許多街坊在此安坐閒聊。

彩虹道體育館:很有氣勢的建築 ⇑

體育館對出的空中走廊 ↖

空中走廊之下，像隧道般的公共空間 ↗

彩虹道遊樂場內部和外圍都有幾段石牆，有說是啟德遊樂場的「遺物」。我最喜歡在公園的高點，望著路人在街市接駁體育館的空中長廊來來往往。

從牛池灣到彩虹道，已走了很長的路，但我總忍不住再行多幾步，將路程延長至離此不遠的鳳德公園，探望那些想像著「西遊記景點」來設計的公園地景，以奇異的香港版「花果山」和「五指山」，作為這散步旅程的終點。

鳳德公園：設計師想像的西遊記空間 ↘

① 匯八坊小巴站平台　② 牛池灣並置的　及 ③ 牛池灣村
　　　　　　　　　　　　室內外街市

⇒　⇒　⇒　　　　　　⇒　⇒　⇒

⑦ 新蒲崗交匯處休憩花園　　　　　　⑧ 啟德河景觀

⇒　⇒　⇒　　　　　　　　　　　⇒　⇒　⇒

⇒　⇒　⇒　　　⇒　⇒　⇒

④　彩虹邨的公共空間

⑤　啟德：變化中的住宅環境　及
⑥　啟德：新型公共空間

⑨　彩虹道體育館及
　　遊樂場

⑩　鳳德公園

⇒　⇒　⇒

路線　　　⇒　　6

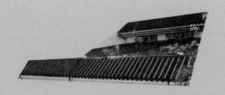
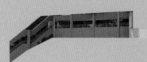

那些被賦予靈魂的公共空間

　　⇒　　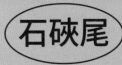

主教山下的
隱祕小徑

小時候家住太子，就在界限街與西洋菜北街交界那邊，家裡能遙望到大坑東遊樂場，所以對這遊樂場特別有感情。兒時記憶所致，總是私心覺得穿過這球場才是從「正門」進入石硤尾。長大後當然知道，所謂「進入」石硤尾，有各種各樣的路。

如今我最愛的路線，是走到太子西洋菜北街盡頭，穿入碧翠樓旁一條連接大坑東遊樂場的小徑。此隱祕小路就在主教山下，是難得在鬧市中，令人感覺寧靜幽微的徑，每次走在其中，都想可以一直走下去。小徑的地勢比界限街稍稍高一點，走到中間可遠望到界限街的一排樓宇。小徑上有座棄置的小水塔，經常有街坊叔伯圍在此處下棋閒聊，有時還坐在水塔的結構之中。

太子西洋菜北街盡頭的碧翠樓 ⇑

主教山下的小徑和荒廢的水塔 ⇑

說起主教山，我亦多選擇在小徑這邊的路登山。自從山下被人遺忘多年的「古配水庫」被重新發現和保育，這座小山便忽然出現在大家目光之下。而我一直很喜歡主教山，因為它是社區居民自發由下而上營造公共空間的典範，山上有各種街坊親自帶去的設備（包括乒乓球枱！），完全體現了「一人做啲」的精神，令整座小山有非常豐富的細節和自建空間的痕跡。執筆之時，有消息傳出山上的自建社區設施可能被移除，有機會的話，應快去觀摩。

主教山上居民自建的康體設施　↑

那些被賦予靈魂的公共空間：石硤尾　　　⇒　　　　　　125

大坑東遊樂場
草地和地下宮殿

從小徑另一端可穿過一座變電站，經過大坑東小食亭後就抵達大坑東遊樂場。這個公共空間，亦是我經常推介朋友到訪的，在其中心的足球場有一片讓人容易親近的特大草地。跑步徑穿過這些球場，是不少街坊練跑的心水之地。我對兒時從太子徒步行到石硤尾的經驗有特別美好的回憶，正是因為會遇上這片難得的翠綠大草地，連帶不少次把人們踢過來的足球踢回去的記憶。

大坑東遊樂場的球場和大草地　⇑

球場旁
的行人路
⇓

夾道有樹的闊路　⇑

遊樂場還有一條夾道有樹的闊路，日間樹影婆娑，樹下有足夠多的長椅，坐在它們之上，看著球場的開闊景觀，不太像置身於香港；晚上坐在那些長椅上，路上的街燈燈光恰好，眼前是大片沒入黑夜中的草地，跑步的人疏落地經過，氣氛亦很浪漫。

剛才提到的草地足球場之下，隱藏了一座可被形容為「地下宮殿」般、結構宏偉的大坑東蓄洪池。平常無法進去參觀，但蓄洪池不時有開放日，是我心目中絕不可錯過的香港「隱世」空間之一。我上一次有機會進去參觀，是因為有藝術家竟跟渠務署合作，用這場地去做藝術創作──那是香港當代藝術家伍韶勁二零一八年的作品《大禹之後》。在空蕩蕩的蓄洪池之中，飄出一些像水流般的紗，它們被藍燈照亮，並配以音樂，實在是夢幻的藝術觀賞體驗。錯過了的話，也絕對要搜尋它的相關紀錄來看一看，可從中知道蓄洪池的模樣。

雖然平常沒法走進其中，但蓄洪池的地面抽水站滿是攀藤植物，也是道有趣的小風景。

離開大坑東遊樂場，往棠蔭街的方向走，那邊就是石硤尾。我總感覺棠蔭街像條奇異的隧道，走完這隧道，眼前就是望過一眼就必會認得的彩龍大酒樓和大坑西新邨，它們數十年如一日，立在那裡，總像在說「歡迎來到石硤尾」。

大坑西新邨的 最後時光

大坑西新邨已是香港最後一個私營廉租屋邨，落成超過半世紀，行將被清拆，實在值得去好好細看裡面的每座建築。剛好，我小時候就曾光顧大坑西新邨最有標誌性的「大昌眼鏡」，配了我人生最早的幾副眼鏡（當時還只是小學生！），那特別奪目的霓虹燈招牌，至今不變。大坑西新邨內部有好些通道，都可看到不同座數的全貌，另外也要一訪的是民興樓二樓的「店鋪走廊」，有些店已不再營業，但今天我們仍可看到舊日的消費空間是如何融入屋邨裡。

大坑西新邨
←

大坑西新邨對面的彩龍大酒樓，是香港鮮有且一整棟獨立存在的八角形茶樓建築，它的霓虹大招牌還在，書法甚有氣勢。多年來一直覺得，它也許不會被評定為古蹟，但已是載有不少街坊回憶的「日常歷史建築」，同時也是地標了，暗自希望它可永遠留存在那兒。如今依然在運作的「外賣部」和「書報攤」靠在建築的一角，是從前大茶樓必備的部分。童年時代，經常跟居住在南山邨的嫲嫲到此飲茶，是我人生早期的記憶之一，所以至今依然喜歡走進去。如果從來沒到訪過這酒樓，我強烈推薦各位進去一看。

彩龍大酒樓　↘

南山邨及
大坑東邨：
在天橋系統觀景

南山邨的商場、街市、小販、老店、大排檔及其他平台，坊間有大量的介紹，也已成打卡勝地。這一帶最吸引我的，反而是南山邨和大坑東邨的天橋系統、各種讓人「離地步行」的通道與「樓梯小塔」，它們構成了兩邊屋邨讓人行得好「爽」的公共空間，而且也有不少長凳在裡頭，坐著站著觀景，都是一種享受。對我來說，它們是這一帶空間的重要靈魂。

大坑東邨的天橋

南山邨的天橋系統

大坑東邨的「樓梯小塔」⇪

因此，在南山邨和大坑東邨穿梭時，最有趣的是欣賞它的空間佈局——饒有心思地為居民製造出既能讓他們行走的連接走廊，同時令這些通道成了讓人有興趣停留的公共空間。其中，最獨特的是兩座八角形的「樓梯小塔」，小塔中時時有街坊靜靜坐著，它們造就的閒適氛圍，無法用三言兩語講清楚，必須親身去坐坐。

南山邨的「樓梯小塔」⇑

那些被賦予靈魂的公共空間：石硤尾　　　⇒

「樓梯小塔」只是一例，要用心去看的設計細節，在這兩組屋邨裡到處都是，見諸於多層空間構成的整體環境佈局，高低有致。在其中閒逛，真覺它們的設計師，花在經營舒適公共空間的心思實是全城罕見，讓這一邊的石硤尾分外迷人，故很值得花半天「窮盡」此處的各種空間細節，是個假日的好節目！

大坑東邨還有一段重要的香港社區史。八十年代，深水埗社區協會已在此嘗試組織初代社區，有不少成功連結街坊的經驗，而他們所辦的街坊活動就在大坑東邨的公共空間舉行，其中不無連帶關係──好的公共連繫，也許亦由好的公共空間造就。

大坑東邨公共空間一角的裝飾 ↘

南山邨公園平台 ↘

偉智街，偉智里

「遊盡」南山邨和大坑東邨後，可沿大坑西街，走到偉智里一帶的社區，是為石硤尾散步下半節的開始。我對這個小社區特別熟悉，因為曾有兩年在附近由石硤尾工廠大廈改建成的賽馬會創意藝術中心（JCCAC）租用單位工作，偉智里這些年的消費生態稍有改變，大概也是由藝術中心的人流帶動。

此外，這一帶也可以說是較少被人提及的「食街」，在短短一條街上，藏在白田購物中心、金玉商場和福田大廈的食肆其實多達三十多間，不少人到訪 JCCAC，卻錯過了這些食肆。我的心水是林記小吃，多年前見識過老闆伯伯在店內不斷親手包魚肉燒賣，現在他不再在店裡包，但其魚肉燒賣仍是不少愛好者的心水。

偉智里一角 ↘

那些被賦予靈魂的公共空間：石硤尾　　　⇒

至於 JCCAC，我總認為途人如果 Walk-in 進去，應該不易掌握該去看什麼。由於每個單位的開放時間不同，如我不是因為租用該處的單位，剛好成了識途老馬，我大概也會對它摸不著頭腦。早些年在其中待久了，發現它的魅力也許就是在於可以在一整座從前的工業大廈中踱來踱去，享受它層層摺疊的空間。此外，可以留意它天台的開放時間，抽時間去「登高」，也可走到高層，行到朝向偉智街遊樂場的走廊，觀望石硤尾全景，更可在一些角落近距離觀察石硤尾邨。這座工廠大廈本身就是散步的好地方。

在 JCCAC 眺望球場與石硤尾邨 ↗

JCCAC 附近的美荷樓被改建成青年旅舍，嘉頓山成了熱門登山景點，而近年也不少人會去參觀嘉頓公司，這些地方都非常值得去逛。夾雜在它們之間的大埔道休憩花園和上李屋花園位處有斜度的馬路上，我喜歡在其中散步逗留，望大埔道的車水馬龍。這些公園後有條小路叫九龍道，是條幽靜小徑，我喜歡從這路離開石硤尾。

新舊石硤尾邨
的對比

離開 JCCAC 後，從偉智街走到南昌街，必定會遇上石硤尾邨，它正在重建中，重建過後的新座數不再有多少空間可讓「外人」進入，所以我近年更常走進尚未重建的舊座數裡，珍惜、體察這種已成為歷史的「開放性」。新舊石硤尾邨的設計並置，也是終將消失的限定景觀了。

石硤尾邨新舊座數的對比 ↘

石硤尾邨舊座數的設計 ⇑

沿著南昌街往深水埗方向走，就會遇上石硤尾社區會堂和街市之上的兩邊平台，它們被舊石硤尾邨大廈環繞。在平台上，可遇到在此聚集的街坊，而這些居民休憩的地方，跟幾檔大排檔並置，成了「石硤尾美食平台」，是如今新的屋邨不會有的設計。在如此開放的屋邨平台上，坐在露天座位吃飯飲酒，是我從前不時會帶來訪香港的朋友體驗的事。

在熟食檔那邊的平台上，可從高處望到耀東街，這條在執筆之時正在被大幅重建的街道，是我每次去石硤尾散步時必訪的一站。

石硤尾邨平台 ⇧

石硤尾邨的「美食平台」⇧

耀東街排檔的
名物

耀東街並不起眼，在街口的聖方濟各堂、重建完成的石硤尾邨新座和新落成的私樓，都比街上老舊和清拆中的樓宇更引人注視，但這平凡的小街，有讓我牽掛與喜歡的味道。

耀東街和街口的聖方濟各堂 ⇩

近南昌街那邊的茶檔和大排檔讓我魂牽夢縈，我很喜歡走近它們並觀賞那些街頭煮食的傳統技藝。我常到曾經全日無休的茶檔「蘇記」，特別喜歡在街頭喝杯奶茶，吃公仔麵和多士，這樣簡單的香港生活經驗，如今也難以尋找了。順帶一提，這幾檔的魚蛋粉和小炒，亦有水準。

茶檔「蘇記」 ⇧

街道的中段有家建材五金店，好幾次在假期路過時，都遇上一群熱愛中樂的中年人在此練習，是難得的美麗風景，可看看是否還有機會碰到。

這兒其中一座清拆中的舊樓，入口有個「香港萬人協會」的招牌，是上世紀六、七十年代活躍的香港知識分子「萬人傑」活動的地方，他可能就是香港最早的 KOL，有興趣可以了解一下他的故事。

在街上練習中樂的人 ⇑

那些被賦予靈魂的公共空間：石硤尾　　　⇒　　　143

石硤尾散步　遇上的 10 個香港地方　　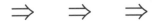

① 主教山下
的小徑

② 主教山上的
社區自發營造社區

③ 大坑東遊樂場

⇒　　⇒　　⇒

⑥ 快將被清拆的大坑西新邨

⑦ 偉智里一帶的小社區

⇒　⇒　⇒　　　　　　　　⇒　　⇒　　⇒

⇒ ⇒ ⇒   ⇒ ⇒ ⇒

④ 彩龍大酒樓及大坑東邨一帶

⑤ 南山邨，特別是那些「塔樓」

⇒ ⇒ ⇒

⑧ JCCAC 高層數的風景及天台

⑨ 石硤尾邨舊座數的平台

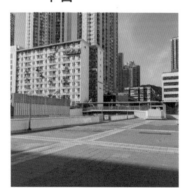

⑩ 耀東街排檔

⇒ ⇒ ⇒

路線　　⇒　　7

從海走到「山」

⇒　

土瓜灣那片海

每次說去土瓜灣散步的重要節目是看海,總有朋友說忘記了土瓜灣就是連著海的地帶。在香港很多區散步,都可以尋找海,海邊的路和空間各有差異,觀察它們的不同也是種樂趣。

最為人知的土瓜灣看海地點,當數被 My Little Airport 唱紅了的海心公園,這路線由此出發。海心公園除了最有標誌性的大石,還有像延伸到海中的「海心亭」,街坊會站立在亭裡不同角落與岸邊的石上觀海。在這公園最有趣的,也許是觀看人們看海的姿態。

「海心亭」那像伸到海中的小路 ⇓

從海心公園沿住海旁往翔龍灣方向走,眼前盡是土瓜灣避風塘的薑船,還有九龍灣一帶的建築物,不是維港兩岸那種見慣見熟的景觀。走著走著,會遇到九龍城渡輪碼頭,那是設計簡約的二級歷史建築,面朝行人路的是波浪形狀的頂蓋,不像新落成的那些碼頭般窗明几淨,但保存了老舊碼頭的氛圍。繼續往前探索,在興仁街附近,還有些較少人注意的小路和「爛撻撻」的臨海角落。

土瓜灣避風塘的薑船　⇩

太空基地般的
美華工業中心

從海邊沿新碼頭走回土瓜灣道，會遇上堪稱宏偉的美華工業中心。我一直喜歡圍住它走，欣賞這座建築的設計。那管狀的樓梯部分尤其特別，讓整組工業中心儼如一座會出現在科幻電影中的太空基地。在其中一角，它外牆上巨大的樓層數字像錯體般交疊在一起，是在今時今日落成的大廈，不太可能見到的奇景。

美華工業中心外觀　⇑

外牆上像印了錯體般，兩個巨大的數字交疊在一起 ⇑

圓圓的「美華體」大字貫穿大廈裡外。為人津津樂道的是，工業中心內部的停車場曾是電影《英雄本色》的場景（電視劇《IT狗》向該電影致敬時，也重現了這一幕），當中那些大字「MAX. HEIGHT 3.2m」、「NO SMOKING」、「CAR PARK」也是重要配角。除了大字，大廈內部鮮明的還有被塗上不同顏色的樓層，每層都鮮豔非常，有機會走進其中的話，會很想逐層逐層去看。而從外面看最奪目的管狀樓梯也別錯過，置身其中，會想多走幾層樓梯，觀察那一扇扇窗。

往十二樓電梯 ←

B5-B9→

顏色鮮豔的樓層和「美華體」⇑

好像很熟悉的牛棚，
不那麼熟悉的
牛棚藝術公園

工業中心離馬頭角道不遠，轉進馬頭角道就遇上夾在九龍城道和土瓜灣道之間的「土瓜灣十三街」，十三條街之間多是七層唐樓，地鋪多是車房。對土瓜灣十三街頗有感情，是因為藝術家兼好友盧樂謙曾在此租用本來是五金鋪的單位，經營社區藝術空間「青春工藝」。那時我常去「青春工藝」，便對這十三街的社區認知多了，也曾因此跟阿謙在此做一些跟居民連繫與對話的文化計劃，並開始記得每一條街的名字和附近的老車房。

平常路過的話，也許不會逐一去觀察每條街的生態，不過一旦開始觀察，就會發現它們藏著許多細節：其中，有間士多的老闆叫雄哥，士多的牆上掛滿樂器，他也經常在唱七、八十年代金曲；也可留意蟬聯街 26–28 號，著名香港藝術家夏碧泉故居在此，樓宇入口的兩張畫正是出自他的手筆。

「十三街」每條街道
都有近似的景觀
↘

十三街與牛棚藝術村比鄰，是最早被藝術家用作工作室和展演的古蹟。一直感覺身邊的朋友多是「功能導向」地使用牛棚，他們偶爾會參加在該地舉行的展覽與表演，但未必會特意去那裡閒逛。最近牛棚另一面的「牛棚藝術公園」開幕，我不斷推薦大家去，因為兩者連起來，成了一片較大的公共空間。我喜歡牛棚藝術村內能看到煤氣鼓的空地，也總喜歡探望其中一堵放滿傳奇香港藝術家蛙王作品的牆，它總像在不斷變化中。而公園的新部分，難得地有不少「留白」的空間，沒有過度活化原來牛棚的設施，這兒大部分時間都頗清靜。

牛棚藝術村內看到煤氣鼓那邊的空地　⇑

牛棚藝術公園　⇑

牛棚藝術村內的建築
↙

從公園出來，有一道橫跨東九龍走廊的天橋，讓人可從高處望向隧道口。經過這一帶時，我都樂於在橋上逗留看風景。

橫跨東九龍走廊的天橋　⇑

土瓜灣地標：
蘋果街市

總覺得沿著九龍城道，在東九龍走廊下散步，有在台北一些地帶行走的況味。高速公路天橋遮蓋了這段路大部分面積，以致橋下氣氛有點陰沉，跟旁邊活躍的街道生活與街市買賣形成反差。我喜歡烈日當空時在有陰影與被太陽曬到的橋下空間之間交替行走，感受兩邊的差異。官方很早期就將這地帶的橋下空間規劃作公共用途，但眾多設施並不算宜人，可說是反面教材。

在東九龍走廊下往紅磡方向前行，不久會遇上外牆襯色像艘天星小輪的土瓜灣街市，因為在外牆上的幾顆紅蘋果，它也被街坊叫作「紅蘋果街市」。其外牆上各種設計細節精巧，伸出來的樓梯也好看。這兒不只是街市，旁邊也有棟外牆畫上大紅蘋果的高樓，它們是典型連著街市的多功能現代市政大廈。一直覺得，鐵路站落成後，通風樓竟把紅蘋果遮住了，不再容易從遠方看到，是令人費解的決定⋯⋯因為那明明是重要的地標，應該列入考量的。

紅蘋果街市 ⇑

通風樓建成前，街市的景觀 ⇑

連住街市的市政大廈 ⇑

動人的樂民新村，
在此與貓相遇

離開街市，向靠背壟道方向走，就會遇上樂民新村。在這一帶遊走，是我心目中在土瓜灣散步的重頭戲。它的面積廣闊，建議先訪一期與二期，然後在那些高低有致，以大量樓梯和平台組成的共用空間和通道中移動和觀察。不少坊間評論都會論及這是房協早期建設的公共房屋，當時房協不少的設計都相對人性化，他們對什麼是「宜居空間」較有想像力。樂民新村出自建築師司徒惠的手筆，他是香港中文大學校園初代的總設計師，我對他身處的那個時代和他實踐的美學，有很深的情意結，而樂民新村的佈局，盡顯他的設計功夫。

在樂民新村拾級而上，
觀察豐富無比的空間層次
↘

在樂民新村會遇上許多懶洋洋的貓　⇑

第一期和第二期的七座大廈依山而建，拾級而上時，可一點一點看到更多土瓜灣鬧市的風景，而在這些座數之間的平台，讓人在不同高度去看附近的街景。這一範圍的空間層次豐富無比，適合花較長時間逗留。在這七座大樓靠山那面的路徑，有條明顯的上山小路，沿著它走幾步，就可到達居高臨下的靠背壟道遊樂場。在此可看到樂民新村的整體佈局，俯瞰土瓜灣全貌，也可看到海和對岸；在這地勢高起來的休憩地上，竟也有幾個籃球場，算是香港風景特別好的球場之一。

靠背壟道遊樂場　↗

靠背壟道遊樂場與樂民新村，有不少貓在生活，而且似乎不太怕人，喜歡貓的朋友會更喜歡這地帶。離開靠背壟道遊樂場的話，可走在其邊緣的長石梯，一直走回靠背壟道的地面，不然也可再往上走，到達馬頭圍配水庫遊樂場，它就身處這小山的頂端。

第三期的樂民新村，格局不盡相同，第一、二期依山而建，第三期在平地上建成，其中樂愛樓像「V」字型的屏風，如果晚上走進它前面的空地，可看到層層走廊的百家燈火。

第三期的樂愛樓　↘

第三期 H 座前，
有道小天橋讓居民不經路面，
便可到達大樓圍住的空地
⇐

靠背壟道一帶有較低密度的樓宇，是身邊不少朋友心目中的理想
居所，在這一帶逛的感覺，也跟上述經過的土瓜灣地帶全然不同。

浙江街上，名為廣廈的樓宇　↘

不在高山上的
高山劇場

在樂民新村旁的高山劇場，曾經是香港特別重要的公共活動場館，八十年代有好些政治活動在此進行，也是 Beyond 昔日最重要的演出場地。今天看起來它像是最「正路」的那種表演場地，但從建築角度看，新舊翼分別在一九八三年和二零一四年落成，它們相差了三十年卻仍然並存，可趁此機會比較到兩種風格。八十年代的設計開始擺脫最簡潔直接的形態，相對天馬行空，跟二零一零年代，建築署設計的公共建築有明顯不同。

劇場在高山道公園之中，我喜歡在劇場建築背面的小路散步，也喜歡在公園邊緣緊貼樂民新村那邊行。聽過高山劇場的人多，但未必為意有這公園存在。

高山劇場　↘

新亞中學圓亭演講廳 ↖

新亞中學

而農圃道上的新亞中學，由錢穆所辦，這裡本來就是中大新亞書
院的校園，隨著中大校園在沙田建成，農圃道校園便盛載了辦「中
文中學」的理想。這座校舍是大師的建築作品，由香港建築師學會創
會會長徐敬直精心設計，特別奪目的是那像飛船般的圓亭演講廳，
是我心目中必看的香港建築之一。它定期會辦開放日，留意日子就
可去探尋！

① 海心公園

② 美華工業中心

⇒　⇒　⇒

⑥ 「紅蘋果街市」

⑦ 樂民新村

⑧ 靠背壟道遊樂場

⇒　⇒　⇒

⇒ ⇒ ⇒   ⇒ ⇒ ⇒

③ 牛棚藝術村及
牛棚藝術公園

④ 橫跨東九龍 及 ⑤ 東九龍走廊下的
走廊的天橋   街道與橋下空間

⇒ ⇒ ⇒

⑨ 高山劇場及高山道公園

⑩ 農圃道新亞中學

⇒ ⇒ ⇒

路線　　⇒　　8

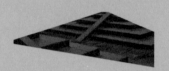

體會「新城市」之美

⇒　　沙田

城門河的盡頭？

各種進入沙田的路徑中，我最享受從大圍站對出的村南道，走到從狹窄的明渠「擴張」成的、大家熟悉的城門河。可走在村南路上，也可走在路的底下，會先見到在渠上建成的足球場和新建成的人工河堤，再往河的方向走在鐵路之下，那兒有兩道橋讓人來往河的兩邊，我喜歡在此來回上下探索，在人與單車流動時，能觀看到眾多可能的軌跡。

在渠上建成的足球場和一段新建成的人工河堤 ↖

狹窄明渠「擴張」成大家熟悉
的那條城門河
⇐

繼續朝香港文化博物館的方向走,沿左岸而行,是城門河畔風光
最明媚的一段,路上有些像「觀景站」、有座位的河邊微型休憩角,
也是難得而適切。到達文化博物館前會遇上一道窄橋,由此過河
往車公廟站方向前進,可在橋上回望沿河而走的那段路上種得密
密麻麻的大樹,也可賞城門河兩邊的景色。這片景觀現在還不像
沙田市中心般滿是高樓,雖然四下的風景近年也在急劇改變中了。

這路線的起點一帶,看起來似是城門河的盡頭,但它真正的位置
其實是下城門水塘,上游則在大圍香粉寮那邊,有機會也可尋訪。

一流公共建築：
車公廟體育館

過橋後，沿著沙田頭路往秦石邨方向前行，很快就會遇上形態突出、有大型清水混凝土外牆，被人們說很「安藤忠雄風」的一座建築──那正是二零二零年才開幕的車公廟體育館。

二零二零年才開幕的車公廟體育館

走進去，很難不為之動容，因為整座體育館的建築物料和空間佈局，予人的感覺猶如走進了日本的某座美術館般。其實，這座建築是建築署高級建築師溫灼均的得意之作，在此之前，他和他的團隊已將近似的美學與設計理念，應用在另一些受讚賞的公共建築，例如赤柱市政大廈和屏山天水圍公共圖書館。這些公共建築的共通點是，它們都用上了不少清水混凝土，與山坡結合，亦有許多開放通道和樓梯，以及將節能的考量大量融入設計中。

近年香港公共建築的典型風格　⇑

除了物料和色調光線的配搭，溫灼均的建築風格更包含一個重要的特質：「擘開」公共建築。例如走進體育館的人，可以選擇的路線和享受的公共空間非常多，不是只有一個個用作運動的場館。任何人走進此地，都可以在不同角落互相觀望大家的活動，可見建築師希望公共建築不再像一個「水桶」般備受局限，而是可以讓人任意流動的。

「擘開」公共建築　↗

特別推薦大家去細看體育館後方跟附近風水山和民居相鄰的部分，
一層一層探索，在這空間可獲得一種在建築裡「登高」的美妙體驗。
另外，它的天台花園、中心和邊緣的樓梯，都是不可多得的好空間。
到過這兒，對香港建築的模樣可以有全然不同的理解。

體育館後方跟附近
風水山和民居相鄰的部分
↙

屋邨商場及停車場的「非典型」設計

住在這帶的朋友笑說，明明體育館靠近秦石邨，應該叫「秦石體育館」，因為鐵路而叫「車公廟體育館」，真是不公平。因為這句話，我特意去完體育館後，再走進秦石邨，結果頗有驚喜。

體育館對面就是秦石邨，它的商場及停車場，突出的結構和延展的形態，有點戰後粗獷主義建築的味道。我特別喜歡走到其平台之上，那裡幾組現代風格的大涼亭，似是浮起了的金字塔，而商場平台一些有蓋空間的頂部也是金字塔形狀，在此成了一片黑色的塔陣。

商場及停車場，突出的結構和延展的形態　↘

黑色的塔陣 ↖

天台有個已停用的噴水池,它的設計清楚地展現了八十年代的美學,連同地面一個不再是大排檔、如今只是讓人休息用的「冬菇亭」,都讓人見到那陣時的屋邨,小型公共設施和細節都甚有美學的考量,風格一以貫之。

說起延展的形態有粗獷主義味道的建築,不得不提還有離此不遠的博康邨商場及停車場,層層架疊的設計和運用的線條,都獨具匠心。而商場的半圓透光拱頂,讓人想起現代城市史中常談到的拱廊,未訪過的話,來到這兒定會喜歡。

秦石邨和博康邨都在八十年代落成,它們讓我聯想到,西方現代主義建築後期較多嘗試設計的巨型結構和相對複雜的建築形態。

幾組現代風格的大涼亭,似是浮起了金字塔　⇑

秦石邨平台的座椅　⇑

博康邨商場及停車場　↗

在沙田公園，
思考「沙田價值」

離開秦石邨，取道獅子橋，走回沙田市中心的一岸，就可進入同樣在八十年代末建成的沙田公園。這是個「百貨應百客」、什麼元素都有一點，並將其拼湊起來的大型新市鎮的中央公園。其中有不少所謂「中式」元素，跟好些康文署的公園一樣，都有點「Fusion 風」，這種「沒有統一風格的風格」，反而成了香港大型公園的特色，在這兒可體會那種折衷到底的設計。

名為「藝術廊」的部分，有其他現代大公園的長廊的影子，它的設計原意是鼓勵藝術家在兩旁擺攤，雖然不可能像柏林那些公園裡會遇上的自由攤販和跳蚤市場，但走在其中還是能感受到部分「設計原意」。

沙田公園裡的「藝術廊」↗

沙田公園的遊樂空間　↗

公園有兩個大型遊樂場，分別為「南園」與「北園」，雖然以往那些特意為這片地景設計的遊樂設施，都被膠製的、大量生產的遊樂設施取代了，但這兩片遊樂空間還留下一點點昔日痕跡：小山和高高低低的地景，融合了隧道、樓梯、城堡等元素，原意是讓公園的環境本身，成為自由遊樂空間，而不只是「空降」在這片地上的遊樂設施。這樣除了能充分利用到這片新建造的環境，也能拓展更多可能性，讓小孩更自由地去玩。這些遊樂空間中，曾經的重點是「沙池」，也是促進小孩自由玩樂和發揮創意的一種典型設置。

沙田公園最精彩的部分，是靠近河邊的「高低兩層河畔路」，高的
一層連接橋樑，低的一層接通單車徑。對行人來說，就能有兩層
視點去觀賞對岸的「沙田天際線」，而兩層的空間感也很不一樣。

高低兩層河畔路 ↘

在沙田河畔散步,看沙田城市規劃,公共房屋和公共設施一組緊靠一組,井然有序地開展新市鎮格局,整體佈局是恢宏的。上世紀最有影響力的現代主義建築師柯比意(Le Corbusier)多次提出過在平地建立全由高密度住宅組成、講求效率、功能主導和連接現代技術的「新城」(例如著名的「光輝城市」計劃)。有些朋友會笑說,他的構想也許只在沙田落實了宜居的版本!

觀看沙田的「天際線」↘

沙田規劃的格局　↗

遠觀之餘，從河畔走不出十數分鐘的腳程，就可親身鑽進沙田「各塊」生活環境，從行人的視點和生活的角度，感知那些空間的好壞與用心。一些香港地理學者曾以「沙田價值」的角度指出並對比所謂的「中環價值」，不少香港人在上世紀末的共同經驗，是嚮往沙田新市鎮的生活，因為那代表安穩踏實，是上流至中產生活的想像。走在沙田之中，感受各種生活空間的安排，也許更能進入這種討論，理解幾代人所喜歡的沙田經驗，到底包含什麼。

沙田大會堂「百步梯」，是重要的公共空間　⇑

沙田大會堂也是沙田重要的公共建築，
外面的公共藝術反映了一個時代特定的品味
⇐

瀝源禾畫
行人天橋系統

離開沙田公園，有一條形狀像遮柄的行人天橋，通往沙田中心和好運中心一帶的平台。我喜歡走在這橋上，漫步向前，像邁入浮城之中。來到商場的平台後，在上面散步時可觀察不同商場之間的差異與變化，也是好玩的事。

沙田公園外，形狀像遮柄的橋　⇩

沿沙田街市那邊走，通過一道特別窄的天橋，可到達瀝源邨的商場，並由此體會沙田的天橋系統是如何將不同商場與屋苑緊密連接，實現相對理想的「空中街道」的想像，不至於像後來興建的新市鎮般犧牲了街道、地面的活動和開放性。

在瀝源邨的平台和天橋之間遊走散步，仍然能看到地面層人們的活動，可見不同層的空間能有機地互相依存。這行人天橋，一直延展到禾輋邨，到達沙田的邊緣，單是探索這些天橋上無法窮盡的空間，已是賞心樂事，也是在香港重要的城市體驗之一。

瀝源禾輋行人天橋系統的橋下空間　⇩

瀝源邨中心的噴水池規模甚大，不可錯過，從前每次到來總會想，為何以前的公共屋邨會有這麼巨大的噴水池？後來才得悉它除了觀賞用途，也是瀝源商場冷氣的水冷系統。坐在這兒休息，真覺這是一片動人的公共空間。除此之外，它也像在宣告這兒是重要的場所，是市民生活和聚會之地。望著它，會感到設計者有認真思索何謂生活的尊嚴──在那年代，精良的設計也許未能體現在單位的面積中，但在不少的共用空間，卻展現了對「宜居」的著緊。

瀝源邨噴水池 ⇓

體會「新城市」之美：沙田　　　⇒　　　187

沙田散步　遇上的 10 個香港地方　　　⇒　　⇒　　⇒

① 城門河近大圍站
　的一端

② 車公廟體育館

⇒　　⇒　　⇒

⑤ 沙田公園的
　公共空間

⑥ 沙田大會堂
　的公共空間

⑦ 沙田公園河畔
　的兩層路

⇒　　⇒　　⇒

⇒ ⇒ ⇒   ⇒ ⇒ ⇒

③ 秦石邨平台

④ 博康邨商場及停車場

⇒ ⇒ ⇒

⑧ 觀賞沙田規劃的整體
　格局與走進生活空間

⑨ 瀝源禾輋
　行人天橋系統

⑩ 瀝源邨
　噴水池

⇒ ⇒ ⇒

⇒ ⇒ ⇒

路線　　　⇒　　　9

在「無街之城」中散步

⇒　　　將軍澳

二零一零年代初，踏進城市研究的領域還不久，在讀博士之時，有位記者朋友邀請我跟他一同逛將軍澳，邊行邊談對將軍澳城市生活的想法。我從一九九七年起在將軍澳居住，散步之際，已在坑口生活了將近十五年，橫跨了中學和大學的時期，由未有地鐵住到康城線也通車了。那次分享，部分想法在一篇題為〈街知巷聞：將軍澳無街之城〉報導中刊出，當時沒留意，現在再搜尋，始知當時報導頗有迴響。網民和讀者反應兩極，有居民指「無街」之說，過度妖魔化這方便至極的新市鎮，也有人說「無街」的確對城市生活造成大問題。那報導似乎把之前未有人言明的事講得特別清楚，一下子觸動了不少人的神經。

轉眼十年，我的觀點好像又改變了，雖然將軍澳確實沒有街道生活，但由於它持續在改變，我也理解多了人們喜歡「無街生活模式」的原因。沒變的是，我始終還是很會「自得其樂」，在將軍澳發掘一些可覓得樂趣，又可觀察到城市美學的散步路徑。

藝術家創造的
水泥乒乓球室

由香港藝術家鍾惠恩和吳家俊成立的 MUDWORK，在調景嶺體育館外造了一件可以讓幾個人走進去的藝術作品：一間藍白色的水泥乒乓球室。他們受委約在體育館外的公共空間創作，想到把逐步消失的舊日運動設施帶到新建成的體育場所外，也令人想到從前的運動空間，就是街坊用簡單的設施來切磋的公共地方。

他們等到何文田其中一個屋邨決定棄置一張舊水泥乒乓球枱後，就千辛萬苦把它帶到調景嶺並保留起來。雖以藝術品的方式留住它，但沒有把它圍起，反而建造了一個更吸引、對應舊日屋邨的公共空間，以「盒子」一般的環境來收容它，讓這兒的街坊可以使用它，享受跟現今「正規」球枱不同的打波觸感，當然，也可以隨意走進這裡休息。

到這裡一看的話，會發現假日有不少外傭都好會善用這水泥乒乓球室 ↖

將軍澳的

校舍建築

在調景嶺體育館和圖書館旁的香港知專設計學院，是法國建築公司 CAAU 在競賽中勝出的設計作品，在二零一零年落成時，是走在時代前沿的校舍。玻璃盒子般的樓層像被懸起了七層高，幾座塔樓像把它插穿了。校舍建成之時，不論是中庭超長的扶手電梯、校門前的斜草坡，或是包裹著建築、菱形圖案的白色鋼架，都十分矚目，引來議論。雖然它不是完全開放給外人，但校園的畫廊時有大型展覽，都是些有心思的設計展，看展之餘，還可趁機走進這個特別的校園中。

離開調景嶺，走在寶邑路，不久就可轉進唐賢街，往將軍澳海濱公園的方向去，環顧四周就是所謂的「將南」地帶，由一條至善街串連一起。行到唐賢街盡頭，會遇上另一座設計突出的校舍——香港法國國際學校，它由知名的丹麥建築師 Henning Larsen 所設計，大隱隱於市。雖然平常無法進入，但看向它的正門，可見一幅由七百二十七「粒」紅黃藍綠色的格仔窗構成的巨型外牆，是很好看的 Eye Candy。只要隨便在網上找找資料，就可得知它的內部設計和構思也充滿心思，似乎嘗試通過建築空間去配合開放自由的教育理念，跟許多香港的中學校舍都不同。

香港法國國際學校校舍　⇑

「將南」模式

這些年在將軍澳南一帶行來行去，看著它因為不同樓盤落成，一點一點「開放」起來。「荒地」仍有，不過在持續減少，可以行走的面積還是多了。我想，在此可深深感受到將軍澳「原初」那種無街模式，除了靠大商場連接的消費和生活空間之外，原來也有另一種新的中產想像在此崛起。

這兒有相對低密度的屋苑，比較「各自為政」，居苑本身多是「門禁社區」，閘門圍起一塊塊的生活空間，但它們各有自成一格的、容許「外人」走入的消費空間。走在這帶，好像在一片又一片無關聯的人造空間之中跳進跳出，有少許在主題樂園行走的味道。

同時，靠近海邊的屋苑，其商店空間會刻意營造一種香港不常見的「海旁悠閒風」，觀察這種消費形態的變化，是城市研究的習作，好比人們觀察深水埗大南街的變化，它們都是城市消費發展的最新變奏。

這一帶也成為很好的提醒：雖然業權上和概念上，公與私的空間很分明，但私人的住屋空間建成後，必然產生出「共用」的社會空間，例如在香港，就有屋苑附帶的商場環境、天橋、連接通道等等。雖然這些地帶規矩分明，但不是百分百開放。同時，它們也決定了在附近居住的人，可以擁有怎樣的日常環境。

在「將南」閒逛，會發現它跟啟德或白石角等地方的建設，都像在「白畫布」上隨心所欲地畫畫，由上而下塑造成的新私樓社區，不盡相同。

跟這些高度私有化的空間並置的，是全然開放的將軍澳海濱公園，連同對岸那條長得交關的將軍澳南海濱長廊，可以一直走到康城一帶，這海濱路也提醒了許多人，將軍澳的原名是 Junk Bay，這片土地，就是海灣。

「將南」景觀

⇐

灣畔徑：
未「海濱長廊化」
的海濱路

如果覺得海濱公園和海濱長廊太規整，行過它們後，可走到灣畔徑，從這裡也可步行往坑口。曾幾何時（未有海濱長廊前），這條沿海小路是將軍澳人看海的首選之地，至今還有許多街坊來乘涼聊天，是居民珍視的公共空間。這小海灣總是停泊了不少舢舨小艇，是個「唔似將軍澳」的另類角落。

綠色欄杆的窄路部分，是依山而建的石屎路，跟海濱長廊全然不同，這種質感的地方，在將軍澳來說是異類。走在通往清水灣半島那一段時，回頭便可見到將軍澳的天際線，那誇張的高密度、幾近科幻小說所想像的未來模樣，跟眼前水上的碎石和小船，有強烈對比。

街坊喜歡在灣畔徑聚集　↖

像陷在樹林中的灣畔徑　↗

通往「清水灣半島」的一段灣畔徑　↖

將軍澳最典型的通道模樣　⇑

在「無街之城」中散步：將軍澳　⇒　197

常寧遊樂場的奇觀　⇑

常寧遊樂場的
高速公路奇觀

架設在環保大道的高速公路之下，有一條跟單車徑平排的行人路，沿路前進，穿過幾條隧道後，不久就能到達坑口站一帶。私心認為，這一帶最重要的景點，和這段將軍澳散步路線的「招牌菜」，就是在這個名不見經傳的地區公園──常寧遊樂場！

公園的一角，被兩條高架的高速公路穿過其中，佔據了一大部分的地面面積，這是一片與道路基建融為一體的公共空間，在平常的花草樹木旁，穿插了這樣粗線條和壯觀的巨型結構，這種違和感反而令這個公園變得與別不同。其中，一部分公路的弧度，框出了圓形的休憩環境，坐在其中，觀看各種汽車高速駛過，像要奔進公園裡，是讓我看多年也看不厭的奇景。

在這些高高低低的公路之下穿插，是「好將軍澳」的步行經驗，將軍澳供行人移動的路、街坊休息的公共空間，正是由這些公路「定義」出來的環境。行到大路邊上，容易有種已走到城市邊緣之感，在這些環境中探尋不同的邊緣時，也會遇上許多靜靜善用不同空間的將軍澳人。

在高高低低的公路之下穿插，是「好將軍澳」的步行經驗 ↗

沒有單車的
單車公園

離開常寧遊樂場，跟著路牌，不難步行至香港單車館公園。它現在像是將軍澳「中央公園」般的存在，佔地頗廣。

我特別喜歡從單車館延伸出來的高架路，直通往另一個廣闊的公園。以此穿過大半個公園，是很妙的步行經驗。單車館旁的人工湖難得沒有多少圍欄，是香港鮮見的設計，值得去走走，不時還會與在此放模型船的街坊相遇。

也許在很多人眼中，單車館本身不是特別亮麗的建築，聽說它的外觀是模仿單車頭盔，但細望著它上半部的形態，我倒是頗鍾情它那像貨櫃坑紋的外牆，設計簡約，有上世紀末曾流行的「高科技」建築風格的味道。

單車館外牆像貨櫃坑紋的簡樸設計 ↖

單車館公園的草地 ↗

單車館伸出來的高架路　↘

單車館建築　↗

上下兩層的
唐明街公園

以上未有機會介紹的心水還有唐明街公園，它在將軍澳站附近的商場陣背後，設計頗有心思。公園近商場那端是高起來的平台，站在其中，讓人想起近年各大城市都因紐約「Highline 熱」而建的高架公園，整座公園是斜路，從高架頂端走到下端就可抵達地面。這斜坡公園還同時分為上下兩層，公園平台的位置開了一個大「洞」，可看到下面那層，而跟「洞」配合的，還有公園整體以圓形草坪去塑造的空間和行人的座位與路線。公園跟旁邊的高架行人天橋很接近，兩邊的行人互望，也是一種好看的互動。

唐明街公園入口　↗

① 調景嶺體育館外的水泥乒乓球室　及
② 香港知專設計學院

③ 香港法國國際學校

⑦ 常寧遊樂場

⑥ 灣畔徑：通往清水灣半島的窄路

$\Rightarrow \quad \Rightarrow \quad \Rightarrow \qquad \Rightarrow \quad \Rightarrow \quad \Rightarrow$

④ 「將南」空間：消費與生活

⑤ 灣畔徑：公共空間部分

⑧ 將軍澳各地帶之間
的連接空間

⑨ 單車公園

$\Rightarrow \quad \Rightarrow \quad \Rightarrow$

$\Rightarrow \quad \Rightarrow \quad \Rightarrow$

⑩ 唐明街公園

路線　　　⇒　　　10

各種仰望天際的角度

荃灣　　⇒　　深井

荃灣很精彩，但這路線不是走進其中，反而從荃灣邊皮出發，沿海漫步至深井。聽起來是很嚇人的距離，其實不然，那不過是一個多小時的輕鬆路程，且一直是平路。沿途風光如畫得過分，滿是「隱世」的另類建築與壯麗景觀。

所謂荃灣邊皮，可以先到荃灣西海濱長廊，由此出發往西走，會見到荃灣西體育館就在不遠處，那盒子式的設計帶有濃濃的七十年代風格特色，外牆展示了巨大的「運動員公仔」，在今天來說已屬復古設計了。

不是鳥居：海安路上的橙色隔音陣

沿海旁繼續前行，不久就會遇上灣景花園對出、「蓋住」四線行車路的大型橙色隔音屏障。如今它被戲稱為「香港鳥居」，因為放眼望去，其支架排列整齊，走進去像跳進隧道中，加上顏色鮮豔，令人聯想到日本的稻荷千本鳥居。自從有人作出這聯想，並開始在網上貼出照片，它瞬即成了被「打卡」的對象。

不久之後，這樣的對比就惹來一點批評，有指這是無聊或錯誤的聯想，或一窩蜂的「景點化」操作；但我認為，這現象和隔音屏得到的「愛」，倒可引發一些城市研究的思考。首先，一如本書多次提及的「基建美學」，讓我們不只把城市設施視為功能性的存在，它們也可衍生一些供大眾欣賞和享樂的另類公共空間。而「香港鳥居」的有趣之處，正在於它的兩邊都保留了行人路，讓人能以不同的角度接觸它，這正是許多基建想排除的部分。

另外，城市帶來的想像力，也很值得我們珍視。在寫此書的不久前，曾有網民因「把觀塘拍得很像日本」而引起哄動，我想，用某種角度把自己城市的風景拍下，由此接通另一城市角落的記憶，是很浪漫的事。「這兒令我想起某城的 XXX」是我在散步時的口頭禪，

海安路上的橙色隔音陣　↗

這是一個很好的切入點來交流彼此的城市想像，也讓我們在提出
改良城市的建議時，不怕拿異地來比較。

隔音屏鮮豔的橙色也讓我想到，有時人們會小看了顏色對城市空間
的影響力。像東京鐵塔的紅、香港電車的綠，其實都是城市確立身
份的重要一環，把這種想像下放到社區中，也可能有助社區營造。

走過隔音屏時，會注意到「鳥居」的中間被一條行人天橋凌空穿過，
這座天橋為大眾帶來了另一個可欣賞的視點。

各種仰望天際的角度：荃灣──深井　　　⇒　　　209

近水灣開始，一個接一個的海灘

繼續前行至青山公路汀九段，整段沿海步道都是香港不可多得的平坦路徑，一直走，左方海上的汀九橋愈來愈接近自己，天氣好時，景觀不輸任何城市的海岸風光。在這路上有特別多跑步的人，面對這景觀，應跑得特別「爽」。

青山公路汀九段的風光 ↗

近水灣上的泳屋　↗

路上有許多可以「行落海」的通道,通往大大小小的海灘,但好些隱世小灘都是「地膽」才會到訪的。這些有少許荒涼的迷你泳灘,部分被列為不適合游泳,所以沒有救生員,不過繼續「享用」它們的泳客仍不少。在這一帶也可遇上迷人的泳屋建築,它們跟香港戰後的民間泳會有歷史交織。有的泳屋如今留著昔日泳會的「威水史」,有的則被用作儲藏水上活動的設備。康文署管理四十多間泳屋,在其列出「供使用的公眾泳屋」名單中,荃灣區的近水灣泳灘、麗都灣泳灘及海美灣泳灘都在這段路程上可見,散步途中,亦可去尋訪這些將近被遺忘的社區建築遺珠。

這些遺世獨立的泳灘跟主流大泳灘不同，各有細節、各有擁躉，是可逐一細探的地方。但如果真要遊盡全香港的小海灘，難免讓人感歎香港之大，因爲每當研究特定類型的空間時，都必須花費大量的時間和精力，而單是關於海的學問，已是出乎意料地博大精深。

離開最先遇上的近水灣泳灘不久，就會到達汀九灣泳灘。其背靠汀九村，可由此走進村落，村裡有好些房子都設計得有心思。而村貼著海灘，在村路中和上落的樓梯中，都可回望到海，「通往海的村路」成了許多人喜歡和在攝影構圖時想捕捉的景致。

汀九村中的建築　↗

汀九村：通往海的村路　↖

汀九村中的建築　↙

青山公路上，

汀九橋下的壯麗

汀九橋宏偉，而且與其他大橋有一點不同：人們比較容易靠近陸地的橋下空間，甚至可走到其中散步，是讓人非常享受的體驗。如果想在青山公路一端抬頭望吊橋，最「正路」是去貼近海的一角，行到汀九灣、麗都灣兩個海灘之上，以及特意被建造出來作「賞橋」之用的汀九休憩處。而在青山公路上與連接大橋的幾條超高架公路相遇，是在香港數一數二的震撼體驗。

在那處四周徘徊能探索幾層道路，抬頭盡情望眼前壯闊的大橋景觀，像去了世外之地，在此步行，算是「香港之最」。而這個位置竟也建了一座酒店，不得不說是種「另類的好品味」——至少於我這些對城市空間感覺強烈的人而言，去旅行時也會被這樣壯觀的景色吸引，因而選擇住在這另類的位置。另外，酒店旁有條通道可讓人走到橋下，再作探索。

在青山公路上，與連接
大橋的幾條超高架公
路相遇

← ↘

桂盧 ↖

離開這「無敵壯闊地帶」之後，繼續前行，不久會在右方碰上名為
「桂盧」的堡壘般的大宅，英文名叫 Edinburgh Villa，是一個有六十
多年歷史，但沒得到很多關注的別致建築。

「白樓」，
快即消失的機場
核心計劃展覽中心

再往深井前行，左方再見不到汀九橋，「換畫」成青馬大橋，繼續步行會遇上讓人想下去探個究竟的灘。一直散步到青山公路汀九段跟深井段的交接位置，會遇上一間米白色的別墅——「白樓」，這是三十年代已落成的小屋，如今已獲評為三級歷史建築，是曾經名為「霍米園」的別墅。

青山公路深井段　↘

到了現在，愈來愈少人記得過去二十多年，它的「身份」其實是一座展覽館，負責介紹《香港機場核心計劃》超龐大的十項工程，也就是坊間時時談到的「玫瑰園計劃」。展館總體像是個大型時間囊，展現了九十年代初，港英政府的「野望」以及周旋於中英之間的種種「基建角力」。

可惜自一九九六年起開放到現在，展館「封存」了那陣時的模樣，跟新近落成的展覽相比，難免讓人覺得有少許霉、有少許頹，但這反而成了它的有趣之處，甚至放大了箇中的歷史感。執筆之時，這「白樓」將改變用途，活化為國史教育中心「悠悠館」，而不再介紹「玫瑰園計劃」，可見一個時代的終結。

展覽中心的天台觀景台和花園，皆為美好幽靜的空間，可遠眺青馬大橋，即使不進入中心參觀，在這些空間之間行走也是一件賞心樂事。

另外兩座嘉頓

離開展覽中心，在青山公路深井段再前行不久，便能望見雪白奪目的嘉頓大樓，這意味著快將抵達深井。在此，也會見到「歡迎蒞臨深井」幾個大字，和立在迴旋處上一隻惡名昭彰的鵝雕塑，它跟嘉頓建築一同標誌這段散步路線的結束。

嘉頓麵包廠的舊廠房和高座的新廠房並置，它們沒深水埗那座嘉頓受注視，但舊廠房也是一座予人深刻印象的摩登建築。廠房同樣有咖啡店，可以作為旅途結束時，休息和吃喝的一站。

這路線只觸及「介乎荃灣與深井之間」的城市景觀，但當然，荃灣與深井各自值得探索的地方不可勝數。推介特別一訪深井村內、在屯門公路下的橋底空間，還有隱身村內的天地父母廟、深井光屋，都是有趣的建築。

在青山公路深井段，遇上嘉頓 ↖

嘉頓麵包廠 ↗

嘉頓麵包廠
舊廠房

① 海安路上的橙色隔音陣

② 一系列青山公路泳灘 及

③ 泳屋建築

⇒　⇒　⇒

⑦ 汀九橋下的壯麗空間

⑧ 桂盧

⇒　⇒　⇒　　　　⇒　⇒　⇒

⇒　⇒　⇒　　　　　⇒　⇒　⇒

④ 汀九村　　　　⑤ 汀九休憩處　　　　⑥ 青山公路汀九段：
　　　　　　　　　　　　　　　　　　　　　汀九橋與海進景觀

⇒　⇒　⇒

⑨ 「白屋」(機場核心計劃展覽中心)　　　⑩ 嘉頓麵包廠

⇒　⇒　⇒　　　　　　　　　⇒　⇒　⇒

後記

本書談到好些散步時的聯想、想像和知識，其實是受到大量「同代人」啟發與指引，他們是在不同領域深耕細作的城市研究者和愛好者。二零一零年前後，從學界到民間、從專業到業餘，有數之不盡的香港人因為「地方的愛」而生產大量城市知識，形式變化多端。文中提及的細節也好，在其他路線上散步時遇上不同事物也好，如果想挖深一點、增進認知，可在這個持續形成中的「城市知識社群」，尋找各種各樣的意念和資訊。

一起散步的社群

因為努力在不同範疇耕耘的人太多，實在無法把這個社群啟蒙過我的全部資訊列出來，以下只簡單提及一些我親身認識、在創造這些知識的朋友。如果你對城市課題有興趣，去追蹤他們的工作，或許可延伸到很遠。

他們包括從事步行創作和交通研究的林兆榮、發起「我們的抽象遊戲地景」研究計劃的樊樂怡、研究香港現代建築歷史的黎雋維、研究香港粗獷主義建築和發起 Brutalism HK 計劃的 Bob Pang、「香港遺美」的林曉敏、「Walk in Hong Kong 活現香港」及其創辦人陳智遠、香港建築記錄團隊「知築常落」、創辦「考城學社」和好幾個重要城市研究專頁的何尚衡、「戰後建築研究檔案」、城市研究者何雪瑩等，無論如何也數不完。

在這些我相對熟悉的人與機構之外，還有大量關於城市知識的專頁和群組、非常多社區和地區群組，沒有他們，就沒有一切散步的想像。在此，我亦特別想向於二零二零年辭世、觸動過不少香港人的專頁「歷史時空」版主 Wai Tse 致意。

書中有不少路線都因為最初有人與機構帶我去認識，才漸漸成了我不時再走的路線。陳碧琪向我介紹了土瓜灣和樂民新村，樊樂怡向我引介過賽西湖公園一帶的空間，鄭頌賢及龍虎山環境教育中心讓我認識了西半山的街道，建築師溫灼均的訪問讓我對車公廟體育館有了更深入的認識，Yan Yu 最先帶我認識了香港仔避風塘

堤壩，劉國偉跟我探索了從荃灣到深井的路。另外有部分路線，是因為跟參與「赤口城市行大運」的朋友一起行過，而決定寫下來的。

最先促成我比較有系統地思考城市散步這回事，也影響這本書很深的，是明報「星期日生活」的記者曾曉玲和主編黎佩芬。因為二零一七年底跟曾曉玲開始了「街知巷聞：Ways of Urbanist Seeing」的欄目，共同散步了五十多次，所以鞏固了對城市觀察的一些看法，而書中許多角落都是跟她共同行過，彼此交流過想法。

二零二零年疫情之際，開始比較有系統用「散步學」來談香港，藝術家朋友盧樂謙跟我以「城市浪漫」的名義隔週散步，觀察城市，令一切想法成熟起來。及後，多得與不同媒體和機構的交流對話，讓我開始更深入地去思考這課題，特別難忘是 U Magazine 用了「城市散步學」作封面專題、「好集慣」和莎莉邀請推介散步路線、Rubio 和 Jamie 多次給予機會作散步相關的工作、香港藝術行政人員協會讓我製作散步小冊子、前進進戲劇工作坊的陳炳釗和羅妙妍跟我嘗試用藝術形式探索散步的可能。

二零二零年夏天，曾梓洋牽頭，邀我共同開始「懷疑人生就去散步」的拍攝計劃，製作散步影片的過程中，也跟他共同走過書本中一些路線途經的地方。影片讓更多人對在香港散步產生了非常濃厚的興趣，也令我更有決心要寫一本關於散步的書。特此感謝拍攝和製作散步影片的梓洋、設計師朱卓盈、配樂的水金和 YouTube 頻道轉型叫「懷疑人生就去」後的其他團隊成員，也感謝所有跟過我們去散步的朋友。頻道後來衍生了 Facebook 群組「香港散步關注組」，在當中跟群組成員的交流，也讓我獲益甚深。

最後，行人文化實驗室翻譯出版山納洋的著作《散步學入門：城市魅力大搜查》、方浩然博士關於步行的論述、郭斯恆教授的街道觀察研究、Matthew Beaumont 的新作《The Walker: On Finding

and Losing Yourself in the Modern City》都啟發影響過這本書的
思考。

本書得以完成，萬分感激出版社的設計師和編輯們，包括 Puilok、
Tanlui、Annie、Sonia 和 Iris 的鞭策和指正，亦再次感謝林曉敏和
鹽叔賜序。

謹將此書送給真係好鍾意香港的人們。

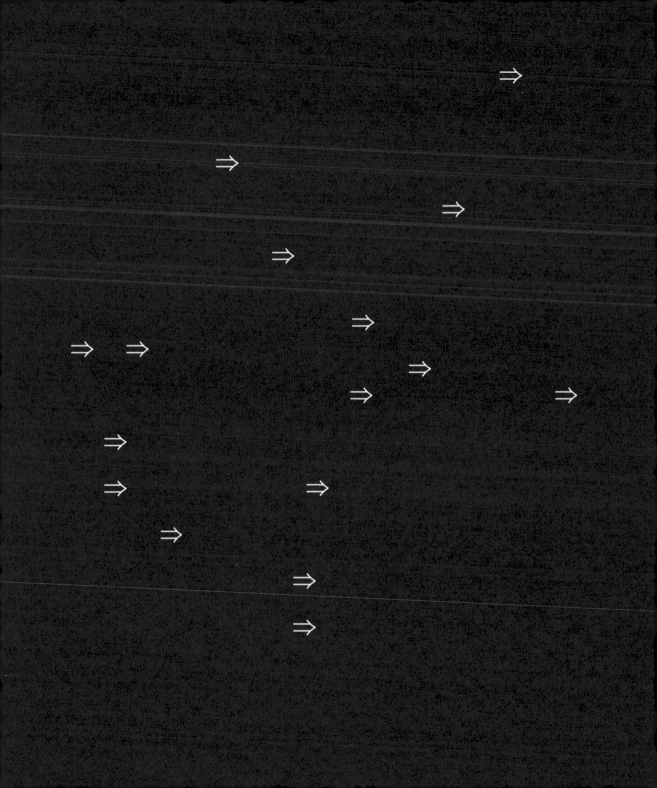

作者	黃宇軒
編輯	Annie Wong、Sonia Leung、Tanlui
實習編輯	Iris Li
校對	馬柔
美術總監	Rogerger Ng
書籍設計	Puilok

出版	白卷出版有限公司
	新界葵涌大圓街 11–13 號同珍工業大廈 B 座 16 樓 8 室
網址	www.whitepaper.com.hk
電郵	email@whitepaper.com.hk
發行	泛華發行代理有限公司
電郵	gccd@singtaonewscorp.com
承印	栢加工作室

版次	2022 年 7 月 初版
	2022 年 9 月 第二版
	2023 年 1 月 第三版
	2023 年 7 月 第四版
	2024 年 1 月 第五版
	2024 年 4 月 第六版
ISBN	978-988-74870-5-0

本書只代表作者個人意見,並不代表本社立場。

© 版權所有・翻印必究